Nicole Majdanski

Männer »doing« Gender!

Gender and Diversity

Herausgegeben von
Prof. Dr. Marianne Kosmann, Prof. Dr. Katja Nowacki
und Prof. Dr. Ahmet Toprak, alle Fachhochschule Dortmund

Band 9

Nicole Majdanski

Männer »doing« Gender!

Väter in Elternzeit

CENTAURUS VERLAG & MEDIA UG

Über die Autorin

Nicole Majdanski studierte Soziale Arbeit an der Fachhochschule Dortmund. Sie ist staatlich geprüfte Gymnastiklehrerin und staatlich anerkannte Sozialarbeiterin/Sozialpädagogin (B. A.). Derzeit absolviert sie den Masterstudiengang „Alternde Gesellschaften" (Soziale Gerontologie) an der Technischen Universität Dortmund.

Bibliografische Informationen der Deutschen Nationalbibliothek
Die Deutsche Nationalbibliothek verzeichnet diese Publikation in der Deutschen Nationalbibliografie; detaillierte bibliografische Daten sind im Internet über http://dnb.d-nb.de abrufbar.

Gedruckt auf säurefreiem und chlorfrei gebleichtem Papier.

ISBN 978-3-86226-192-5   ISBN 978-3-86226-903-7 (eBook)
DOI 10.1007/978-3-86226-903-7

ISSN 2192-2713

© *CENTAURUS Verlag & Media KG, Freiburg 2012*
www.centaurus-verlag.de

Umschlaggestaltung: Jasmin Morgenthaler, Visuelle Kommunikation
Umschlagabbildung: life is live, ID: 5385646; Quelle: www.photocase.de
Satz: Vorlage der Autorin

Vorwort

Dass Frauen bzw. Mütter in Elternzeit gehen, wenn Nachwuchs kommt, ist bekannt und wird in der Regel explizit oder implizit auch erwartet. Dass Männer eine Auszeit nehmen, ist eher ein neues Phänomen. Das neue Gesetz zum „Elterngeld und zur Elternzeit" trat am 01.01.2007 in Kraft. Zwei Besonderheiten des Gesetzes seien hier hervorzuheben. 1. Die Höhe des Elterngeldes ist gekoppelt an das Gehalt der Eltern und kann 12 Monate in Anspruch genommen werden. 2. Das Elterngeld wird um zwei weitere Monate verlängert, wenn beide Eltern die Elternzeit teilen (Partnermonate). Diese beiden Besonderheiten sollen zunächst dazu dienen, vor allem Väter anzusprechen. Anscheinend hat diese politische Entscheidung Wirkung gezeigt, denn gut ein Viertel der Väter nimmt Elternzeit, auch wenn der Großteil nur zwei Monate aussetzt. Da das Gesetz relativ neu ist, gibt es sehr wenige (wissenschaftliche) Analysen, die die Motive der Väter unter die Lupe nehmen.

Die vorliegende Veröffentlichung von Nicole Majdanski beschäftigt sich mit „Vätern in Elternzeit". Um die Rolle des Vaters nachzeichnen zu können, geht die Autorin sehr systematisch vor. Denn sie stellt den sogenannten Mann nicht nur in seinem biologischen Geschlecht vor, sondern viel mehr in seinem sozialen Geschlecht. Gender und Gender Mainstreaming werden im Kontext der Geschlechtergerechtigkeit akribisch recherchierend vorgestellt, ebenso wie „Mann" in der Familie lebt. Auch wie die moderne Vaterschaft auszusehen hat, wird von Majdanski sehr gut nachvollziehbar dokumentiert. Die Autorin belässt es nicht nur bei den wissenschaftlichen Zusammenhängen. Da das Thema hochpolitisch ist und auch nicht in allen sozialen und politischen Milieus unumstritten ist, erläutert die Autorin wie eine vätergerechte Familienpolitik auszusehen hat. Das macht sie sehr professionell, in dem sie eine nachhaltige Väterpolitik wissenschaftsgestützt beschreibt und auf andere europäische Länder verweist, die in der Familienpolitik moderner gelten. Dass dieses Thema hoch politisch ist, verdeutlicht die Autorin in folgenden Zeilen: *„Die Elternzeit ist ein Symbol des Gender Mainstreamings, weil die Inanspruchnahme beiden Geschlechtern ermöglicht wird"* (S. 102).

Das Kernstück der Arbeit von Majdanski ist aber das praktische Kapitel unter dem Titel „Väter in Elternzeit." Sie führt Interviews mit zwei Männern, die aus sehr unterschiedlichen Milieus stammen und sich sehr bewusst für Elternzeit entscheiden. Auch wenn es sehr schwer ist, anhand von zwei Beispielen Verallgemeinerungen vorzunehmen, können erste Erkenntnisse geschlossen werden: So wird deutlich, dass die Initiative in Elternzeit zu gehen, auch von Männern bzw. Vätern kommt, sie „ihrem Leben einen Sinn geben" und „sich neu definieren" wollen. Die Väter sehen darüber hinaus die Elternzeit als eine „Win-Win-Lösung" in der Partnerschaft.

Die Arbeit von Majdanski besticht mit ihrer klaren Linie. Sie diskutiert ein politisch und gesellschaftlich umstrittenes Thema hochprofessionell und bezieht auch Stellung, wenn es notwendig ist. Vor allem im letzten Abschnitt ist die Arbeit besonders lesenswert, weil sie uns anhand von Tiefeninterviews die Motive der Väter und Männer offenbart. Ein spannendes, hervorragend geschriebenes Buch, das ich allen Interessierten mit Nachdruck empfehlen möchte.

Prof. Dr. Ahmet Toprak

Inhaltsverzeichnis

Abbildungsverzeichnis

Einleitung

Es ist bis tief in die Gesellschaft verwurzelt, dass Männer als das starke Geschlecht gelten. Bereits vor langer Zeit war der Mann der Jäger, der für eine gute Beute verantwortlich war, um die Familie zu ernähren. An diesem Ernährer-Prinzip hat sich bis zur Emanzipation der Frau nicht viel verändert. Denn nach traditioneller Rollenauslegung nimmt der Mann die Ernährerrolle ein, indem er eine Berufstätigkeit ausübt und damit finanziell für die Familie sorgt. Gleichzeitig nimmt die Frau nach dieser Rollenauslegung die Hausfrauenrolle ein und sorgt damit für den Haushalt und für die Erziehung der Kinder. Mit der Emanzipation der Frau kamen jedoch die Veränderungen. Bis heute findet der damit verbundene Wandel der geschlechtlichen Rollenverteilung und der Eigenschaftszuschreibung statt. Daher kommt es nicht von ungefähr, dass im 21. Jahrhundert auch Väter in Elternzeit gehen und Männer sich immer mehr der Familie zuwenden, um im wahrsten Sinne des Wortes den Kinderwagen zu schieben. Aus diesem Grund müssen das Geschlechterbild des Mannes bzw. die Männlichkeit und die Vaterschaft im wissenschaftlichen Diskurs angepasst und neu geordnet werden.

Für eine diesbezügliche weit greifende Analyse bietet sich der „doing" Gender Ansatz an, weil er das biologische Geschlecht von dem sozialen Geschlecht loslöst und eine genauere Sichtweise auf den Mann resultiert, die viele Erkenntnisse liefert. Des Weiteren stellt sich die Frage, wie die moderne Vaterschaft aussieht, die den gesellschaftlichen Veränderungen gewachsen ist und den neuen Ansprüchen des weiblichen Geschlechts gerecht wird. Darüber hinaus ergibt sich die Frage, welche politischen bzw. gesetzlichen und infrastrukturellen Bedingungen herrschen. Ziel ist es, diese Fragen zu beantworten und darüber hinaus herauszustellen, wie der Mann die Komponenten Beruf und Familie in Einklang bringen kann. Ein weiteres Ziel soll sein, insbesondere die Inanspruchnahme der Elternzeit von Männern darzustellen und die Auswirkungen zu erläutern.

Um die Fragen zu beantworten und die Ziele zu erreichen, werden zu Beginn Grundlagen zum Mann gegeben. Dabei wird nach dem biologischen und dem gesellschaftlichen, sozialen und kulturellen Geschlecht des Mannes unterteilt, um gemäß der „doing" Gender-Theorie zu verfahren. Im nächsten Schritt werden die äußerst relevanten Begriffe Gender und Gender Mainstreaming definiert und erläutert.

Mit diesem Grundlagenwissen wird an den Mann in der Familie geknüpft. In diesem Abschnitt wird die Bedeutung, Entwicklung und Historie der Familie herausgestellt, um im Anschluss auf die heutige Situation der Familien und die heutigen Rollenauffassungen von Eltern zu kommen. Der neue Mann wird dabei besonders in den Fokus gerückt. Dies ebnet den Weg für die darauf folgende Analyse einer modernen Vaterschaft.

Dieser Punkt stützt sich im Wesentlichen auf den Übergang des Mannes zum Vater, die Vaterrolle, die aktive Vaterschaft, die Partizipation und den Genderbegriff. Da die Elternzeit ein familienpolitischer Baustein ist und demnach Familienpolitik eine entscheidende Rolle spielt, wird im nächsten Schritt eine vätergerechte Familienpolitik erörtert. Um die moderne Vaterschaft mit dem Gender Mainstreaming zu verbinden, wird auf die Familienpolitik eingegangen, eine Standortbestimmung der familienpolitischen Bausteine der Bundesrepublik Deutschland gemacht und auf die Nachhaltigkeit eingegangen. Außerdem werden verschiedene familienpolitische Profile zur Vereinbarkeit von Familie und Beruf dargestellt, um später aus einem Vergleich heraus in Hinsicht auf eine moderne Vaterschaft mögliche Veränderungserfordernisse in der deutschen Familienpolitik zu finden.

Im vorletzten Punkt wird auf Väter in Elternzeit eingegangen. Zum einen sollen die Grundlagen zur Elternzeit den gesetzlichen Rahmen aufzeigen. Die empirischen Daten sollen zum anderen die Entwicklung der Inanspruchnahme der Elternzeit von Vätern darstellen. Zudem sind die Motive und Auswirkungen genauso wichtig, wie interessant, sodass sie offenbart werden. Um zu prüfen, wie das Gleichgewicht von Beruf und Familie des Mannes heutzutage aussieht, wird das Work-Life-Balance-Prinzip herangezogen. Des Weiteren wird die Soziale Arbeit unter dem Aspekt der Väterarbeit berücksichtigt. Daraus werden Unterstützungsmöglichkeiten ersichtlich und dargelegt. Zwei Beispiele von Vätern, die Elternzeit in Anspruch genommen haben, sollen nicht nur den letzten Punkt versinnbildlichen, sondern ebenfalls dem theoretischen und wissenschaftlichen Gedankengut realistische Züge verleihen.

Im letzten Schritt erfolgt ein Fazit, in dem die wichtigsten Erkenntnisse und Ergebnisse zusammengefasst werden und ein Ausblick gegeben wird.

1. Der Mann

Als Mann wird ein erwachsener Mensch männlichen Geschlechts definiert. Aufgrund der fundamentalen Einflüsse der Geschlechtlichkeit auf die menschliche Gesellschaft ist der Begriff Mann mit sehr vielen weiteren assoziativen und teilweise sehr emotionalen Bedeutungen beladen. Des Weiteren galt der Begriff des Mannes genauso lange Zeit als selbstverständlich, wie alles, was mit ihm verbunden wird. Seit einiger Zeit erscheinen die Antworten auf die Fragen, was ein Mann ist und wann ein Mann ein Mann ist, immer fragwürdiger, undeutlicher und problematischer (vgl. Kühne, In: Kühne, 1996, S. 7). In den geführten Diskussionen, wie stark Mannsein von der Biologie oder von gesellschaftlichen Einflüssen bestimmt wird, stehen zum einen soziobiologische Erklärungen, die alle Geschlechtsunterschiede auf evolutionäre und damit biologische Gegebenheiten zurückführen möchten. Zum anderen stehen die Theorien der gesellschaftlichen Geschlechterkonstruktion, die biologische Einflüsse auf ein Minimum reduzieren und das Mannsein insbesondere als gesellschaftliches Produkt darstellen möchten, dem gegenüber. Sie prägen das Individuum über Sozialisationsprozesse und lassen es so zur Selbstverständlichkeit werden (vgl. Stiehler, 2010, S. 41).

1.1 Biologisches Geschlecht

Die beiden Geschlechter der Spezies Mensch wurden durch die Evolution festgelegt, indem sie bei den Chromosomen das 23. Paar differenzierte, bei der Frau XX und beim Mann XY. Der Chromosomentyp der Samenzelle, die das Ei befruchtet, legt das Geschlecht des Kindes fest, sodass das Männliche das Männliche zeugt, weil nur der Mann ein Y-Chromosom, das für die Zeugung eines Mannes erforderlich ist, besitzt (vgl. Badinter, 1993, S. 51). Demnach kann unter dem Aspekt der Fortpflanzung eine biologische Geschlechtsdefinition hergeleitet werden. Das weibliche und das männliche Geschlecht werden dabei als ein Individuum einer Fortpflanzungseinheit gesehen, die die Potenz zur „Weiblichkeit" bzw. „Männlichkeit" haben. Sie offenbart sich aber erst durch eine erfolgreiche Reproduktion. Dafür werden im allgemeinen geeignete Sexualorgane, geeignete sekundäre und tertiäre Geschlechtsmerkmale, geeignetes Verhalten, um die Erwachsenenrolle zu lernen, die Fähigkeit einen Partner anzuziehen, die Fähigkeit den Geschlechtsakt adäquat und hinreichend oft durchzuführen, die körperliche Fähigkeit zur Befruchtung, die Fähigkeit lebende Kinder zu gebären und deren Leben zu erhalten, beim Menschen benötigt. Diese Erfordernisse können als Determinanten für die Fähigkeit des Menschen, „Weiblichkeit" bzw. „Männlichkeit" zu erreichen, angesehen werden. Alle anderen Phänomene werden bei dieser Definition als bloße Nebeneffekte angesehen. Eine Geschlechtszuweisung erfolgt somit erst nach erfolgreicher Fortpflanzung (vgl. Keller, 1979, S. 95f.). Zwei Geschlechtschromosomen entscheiden sich zunächst, ob ein Mensch zum Mann oder zur Frau wird. Da die Männer neben dem Ausschlag gebenden Y-Chromosom ein X-Chromosom besitzen, sind sie rein genetisch zur Hälfte eine Frau. Die Benennung des X- und Y-Chromosoms bezieht sich auf ihre Formen. Das weibliche X-Chromosom ist symmetrisch und ähnelt einem wohl gewachsenen Menschen mit zwei gleich langen Armen und Beinen. Dagegen ist das männliche Y-Chromosom ein Kümmerling und fällt neben dem kräftigen X wesentlich kleiner aus. Im Fall vom Mann oder Frau gibt es rein biologisch nicht mehr den geringsten Zweifel, wer zuerst da war. Nicht nur die Form sondern auch der Inhalt der beiden Geschlechterchromosomen bestätigen, dass die Urform des Lebens die Frau ist und daher der Mann aus ihr entstand (vgl. Riedl/ Schweder, 2000, S. 91f.). Die Unterscheidung in zwei biologische Geschlechter ist im Alltag die Grundlage menschlichen Zusammenlebens und von enormer Tragweite. Das biologische Geschlecht hat eine erhebliche Bedeutung für die individuelle Lebensentwicklung und -gestaltung, weil an Männer und Frauen in diesem Hinblick unterschiedliche Erwartungen geknüpft werden (vgl. Athenstaedt/Alfermann, 2011, S. 186f.).

1.2 Gesellschaftliches, soziales und kulturelles Geschlecht

Laut Gesetz muss bei der Namensgebung eines Kindes eindeutig das Geschlecht erkennbar sein. Im Allgemeinen erkennt man sofort, ob es sich um eine Frau oder einen Mann handelt. Als soziale Kategorisierung wird diese Zuordnung von Personen bezeichnet. Sie bezieht sich auf den kognitiven Prozess der Gruppierungen von Personen oder Gruppen, die ein oder mehrere Merkmale gemeinsam haben. Darüber hinaus geht eine Zuschreibung der für diese Gruppe als typisch erachteten Charakteristika einher. Neben Alter und ethnischer Zugehörigkeit ist das Geschlecht eine der zentralen Kategorien, die Individuen zur sozialen Kategorisierung verwenden (vgl. Athenstaedt/Alfermann, 2011, S. 11f.). Wenn die Geschlechtszugehörigkeit als soziale Kategorie eine herausragende Bedeutung erlangt, dann gilt

4

die Feststellung, dass das Geschlecht eines Menschen ein Merkmal ist, welches zum einen die biologische und sexuelle Entwicklung entscheidend beeinflusst und zum anderen auch für die psychosoziale Entwicklung eines Menschen von großer Bedeutung ist. Dies ist regelmäßig der Fall, wenn mehr die Person als Mitglied einer sozialen Kategorie und demgemäß weniger die individuelle Person mit ihren individuellen Fähigkeiten Subjekt oder Objekt von Wahrnehmungen und Handeln wird. Durch diese Mitgliedschaft in einer sozialen Kategorie werden bestimmte Erwartungen aktiviert, die als Stereotype im Sinne von Wahrscheinlichkeitsannahmen wirken und zugleich als Rollenerwartungen normativen Charakter tragen können (vgl. Alfermann, 1996, S. 7). In der Sozialisation wird die Vereinseitigung in der männlichen Rolle angelegt. Zahlreiche empirische Untersuchungen über den männlichen Erziehungsprozess kommen zum Resultat, dass Männer sozialisiert werden, um wettbewerbsbetont, leistungsorientiert, kompetent zu sein. Außerdem glauben diese Männer, dass persönliches Glück und Sicherheit von harter Arbeit, Erfolg und Leistung abhängen. Dieses gesellschaftliche Credo von Männlichkeit haben bereits achtjährige Jungen verinnerlicht. Um zum Mann zu werden, wissen sie daher, dass sie kämpfen, arbeiten, sich anstrengen müssen und nicht schwach und mädchenhaft sein dürfen. Bereits nach der Geburt fördern die Eltern nachgewiesenermaßen Verhaltensweisen, die gesellschaftlich etikettiert sind und diskreditieren dementsprechend andere Verhaltensweisen, die als unmännlich oder weiblich gelten (vgl. Hollstein, in: Kreft/Mielenz, 2008, S. 578). Insbesondere die sozialen Chancen in einer Kultur werden auf Basis der Geschlechterzugehörigkeit unterschiedlich verteilt. Diese soziale Ungleichheit der Geschlechter liegt vorwiegend in der Betrachtung des Geschlechts als soziale Kategorie. Das männliche Geschlecht wird üblicherweise als die dominante Gruppe definiert (vgl. Athenstaedt/Alfermann, 2011, S. 187). Des Weiteren knüpfen daran die wesentlichen Inhalte der Geschlechterstereotype, die im epochalen Vergleich kaum oder gar keine Veränderungen aufweisen und sich in einem Bündel von Kompetenz, Aktivitäten und Emotionalität zusammenfassen (vgl. Alfermann, 1996, S. 14).

1.2.1 Das männliche Stereotyp

Als Geschlechterstereotype werden persönliche Überzeugungen und Erwartungen hinsichtlich der typischen Charakteristika von Männern und Frauen bezeichnet, die kognitiv mit der sozialen Geschlechtskategorie assoziiert und durch den Prozess der Kategorisierung aktiviert werden. Außerdem sind Geschlechterstereotype sozial geteilt und wirken sich vielfältig auf das soziale Erleben und Verhalten aus. Zum einen sind sie deskriptiv, wenn sie Meinungen darstellen, wie Frauen und Männer typischerweise sind. Zum anderen sind sie präskriptiv, wenn sie Meinungen darstellen, die besagen, wie Frauen und Männer sein sollten. Die traditionell definierten Geschlechterrollen bilden ihre Grundlage. Außerdem legitimieren sie die gesellschaftlich definierten Unterschiede zwischen Frauen und Männern (vgl. Athenstaedt/Alfermann, 2011, S. 14f.). Das männliche Stereotyp ist dabei durch Aktivität, Stärke und Fähigkeiten, Durchsetzungsfähigkeit und Leistungsstreben gekennzeichnet. Stereotype Eigenschaften wurden in Untersuchungen herausgefiltert. Es wurden dabei folgende stereotype maskuline Eigenschaften aufgestellt:

Stereotype maskuline Eigenschaften		
anmaßend	ergreift Initiative	tatkräftig
abenteuerlustig	maskulin	unabhängig
aggressiv	opportunistisch	überheblich
aktiv	rational	unbekümmert
dominant	realistisch	unerschütterlich
egoistisch	robust	unnachgiebig
ehrgeizig	selbstbewusst	unordentlich
einfallsreich	selbstherrlich	unternehmungslustig
emotionslos	stark	weise
entschlossen	streng	
erfinderisch	stur	

Abbildung 1: *Männliche stereotype Eigenschaften* (vgl. Alfermann, 1996, S. 16)

Es wurden bei den Untersuchungen mehr männliche als weibliche Eigenschaften herausgefiltert, sodass das männliche Geschlecht als die dominante Gruppe auch die Stereotypbewertung beeinflusst. Als Resultat ergibt sich, dass das, was männlich ist, als wertvoller, besser, erfolgreicher erscheint (vgl. Alfermann, 1996, S. 17). Sozialwissenschaftler haben festgestellt, dass geschlechtsspezifische Aktivitäten von Jungen mehr gefördert werden als jene von Mädchen. Gleichermaßen werden Jungen für geschlechtsunspezifisches Verhalten wesentlich härter bestraft. Eltern spielen mit ihren Söhnen auch kräftiger als mit ihren Töchtern und obwohl es der Realität widerspricht betrachten Väter ihre männlichen Kleinkinder als stärker, lebhafter und zäher als Mädchen (vgl. Hollstein, in: Kreft/Mielenz, 2008, S. 578).

1.2.2 Männlichkeit

Die Erziehung zur Männlichkeit beginnt bereits im Kindesalter und verlangt Härte-dressur der Jungen, denen körperliche Kontakte, Schmusen, Küssen und Gefühle zeigen bereits frühzeitig abtrainiert werden. Genauso wird von ihnen verlangt, dass sie ihre Emotionen kontrollieren und vor allem Gefühle von Schwäche, Schmerz, Traurigkeit und Nachgiebigkeit unterdrücken. Beim männlichen Geschlecht ist im Gegensatz zum weiblichen Geschlecht die Verbindung zwischen affektiven Pro-zessen und dem Rollenlernen gespalten. Daher verlangt die gesellschaftliche Erzie-hung von einem Jungen, dass er sich vom störenden Gefühlsleben abtrennt und sich rein auf äußerliche Ziele wie Leistung und Erfolg fixiert. Zur Männlichkeit zählt auch unverletzbar zu sein und jederzeit zu dominieren sowie zu kontrollieren. Je-doch verbindet sich damit auch ein ständiger Druck und Versagensangst (vgl. Hollstein, in: Kreft/Mielenz, 2008, S. 578). Bereits in den allerersten Lebensjahren wird die Männlichkeit unbewusst aufgebaut und im Laufe der Jahre verstärkt, bis sie schließlich in der Adoleszenz (Übergangsstadium in der Entwicklung des Men-schen von der Kindheit (Pubertät) hin zum vollen Erwachsensein) geradezu „ex-plodiert". Dies ist der Zeitpunkt, indem die Angst vor und das Leiden an der Weib-lichkeit und Passivität offenbar werden. Viele junge Männer kämpfen gegen dieses Innere an, indem sie die Attribute der Männlichkeit noch verstärken (vgl. Badinter, 1993, S. 73).

1.2.2.1 Was Männlichkeit ausmacht

Frauen und Männer werden mit spezifischen sozialen Erwartungshaltungen hin-sichtlich ihres Verhaltens, der ihnen vermeintlich angemessenen Tätigkeiten und ihres Aussehens belegt. In spezifischen Vorstellungen von Männlichkeit und Weib-lichkeit, die sich im Laufe der Zeit verändern, zudem zwischen unterschiedlichen Kulturen variieren und demnach nicht überhistorisch fixiert sind, verdichten sich diese Vorschriften. Männlichkeit kann nie Weiblichkeit sein, weil sich die Ge-schlechterkonstrukte in unserer Geschlechterordnung immer in einer gegenseitigen Ausschließlichkeit definieren. Zu beachten ist, dass diese bipolar-dualistische An-ordnung der Geschlechter ein junges historisches Phänomen ist, da ihre Entstehung mit der Herausbildung der bürgerlichen Gesellschaftsordnung zusammen fällt. Männlichkeit ist nicht exakt bestimmt. Sie definiert sich aus der Abgrenzung zur Weiblichkeit (vgl. Döge/Volz, 2002, S. 11). Der Betrachtungshorizont muss erwei-tert werden und Männlichkeit nicht nur als isoliertes Objekt angesehen werden, sondern als Aspekt einer umfassenden Struktur (vgl. Connell, 1999, S. 87). Die Aufmerksamkeit muss daher auch auf die Prozesse und Beziehungen gerichtet werden, die Männer und Frauen ein vergeschlechtlichtes Leben führen lassen. Soweit man den Begriff Männlichkeit in Kürze überhaupt definieren darf, ist Männlichkeit *„eine Position im Geschlechterverhältnis; die Praktiken, durch die Männer und Frauen diese Position einnehmen, und die Auswirkungen dieser Praktiken auf die körperliche Erfahrung, auf Persönlichkeit und Kultur"* (Connell, 1999, S. 91). Somit werden Männern über die Männlichkeit Eigenschaften, die unter anderen dem kulturellen und sozialen Wandel unterliegen, zugeschrieben. Außerdem werden sie mit den biologischen männlichen Merkmalen als verbunden angesehen, wobei diese Zuschreibungen ebenfalls dem sozialen Wandel unterliegen (vgl. Leimbach, 2011, S. 9f.).

1.2.2.2 Männlichkeit im Wandel der Moderne

Nach wie vor ist die traditionelle Männlichkeit gesellschaftlich als Ausübung von Macht und Kontrolle, Stärke, Führung, Dominanz, Logik, Stringenz, Erfolg, Härte, Ehrgeiz und Besitz definiert. Andere und alternative Formen von Männlichkeit haben sich neben der traditionellen Männlichkeit entwickelt, sodass auch im Plural von Männlichkeiten gesprochen werden kann. Die traditionelle Männlichkeit ist aber immer noch vorherrschend und prägend (vgl. Hollstein, in: Kreft/Mielenz, 2008, S. 577).

Grundsätzlich sind Vorstellungen von Männlichkeit, Definitionen des Mannseins und Erscheinungsformen des menschlichen Habitus historischer Natur. Demzufolge müssen sie historisch verortet und erklärt werden. Die Entstehung, Erneuerung, Tradierung und Untergang, also somit auch der Wandel von Geschlechterkonstruktionen sind in einer gewissen Linie politische Prozesse. Diese stehen in wechselseitiger Beeinflussung zu den gesellschaftlichen Interessen und kulturellen Identitäten. Nicht nur durch den historischen Wandel werden daher Normen, Ideale, Bilder von Männlichkeit verändert oder immer wieder in Frage gestellt (vgl. Kühne, 1996, S. 22f.).

Jahrhunderte lang wurde Männlichkeit niemals reflektiert, geschweige denn in Frage gestellt. In den vergangenen Jahren hat sich das aber auch im deutschsprachigen Raum geändert. Dafür sind im Wesentlichen vier Gründe verantwortlich. Im Leben des einzelnen verliert die Arbeit als primärer Ort männlicher Leistung und Identität immer mehr quantitativ und qualitativ an Bedeutung. Des Weiteren fordert die Frauenbewegung 50 Prozent aller Berufsmöglichkeiten, Positionen und Karrierechancen. Langfristig führt dieses zu einer Einbuße der männlichen Macht von 50 Prozent. Außerdem stellt die ökologische Krise den Bankrott männlichen Naturverständnisses dar. Damit wird auch dem Leistungsdenken eine der wichtigsten Legitimationen entzogen. Ferner verschlechtern sich zusehends die Perspektiven von Männlichkeit und es entsteht ein männlicher Leidensdruck an der eigenen Männerrolle (vgl. Hollstein, in: Kreft/Mielenz, 2008, S. 576f.).

Der große Wandel der letzten Jahre vollzog sich in den Selbstverständlichkeiten in den Beziehungen der Geschlechter, die verloren gegangen sind. Durch zugewiesene Rollen werden die Männer zunehmend verunsichert. Sie wissen nicht mehr wie sie sich verhalten sollen, um auch noch gesellschaftliche Anerkennung zu bekommen. Der Zwiespalt besteht darin, dass sie neuerdings Gefühle und Schwäche zeigen, aber zugleich durchsetzungsvoll und stark sein sollen. Weiterhin wird männliche Potenz erwartet, aber gleichzeitig soll sie domestiziert, rücksichtsvoll und sanft sein (vgl. Stiehler, 2010, S. 14f.).

Das Korsett traditioneller Männlichkeit hält nicht mehr. Die traditionelle Männlichkeit wird entleert und verliert an Sinn. Gleichzeitig werden die Rollenerwartungen an Männer zu etwas Äußerlichem, das innerlich nicht mehr gefüllt ist. Dieses Rollenkorsett stützt sich zwar gesellschaftlich, aber bleibt psychisch unbefriedigt. Die äußeren gesellschaftlichen Entwicklungen verschärfen diese innere Krise von Männlichkeiten. Die traditionelle Arbeitsteilung zwischen Männern, die außer Haus arbeiten, und Frauen, die im Haus tätig sind, verschiebt sich notwendigerweise (vgl. Hollstein, 1999, S. 14ff.). Folglich sind Erfolgszwang, Stärke, Konkurrenz und „Pokerface" keine unbedingt erstrebenswerten Haltungen mehr (vgl. Hollstein, 1999, S. 11). Die Bilder vom mächtigen Mann kollidieren mit subjektiven Machtlosigkeitserfahrungen im Alltag. Die Männerforschung bezeichnet dieses als fragile Männlichkeit. Macht und Ohnmacht von Männern fallen zusammen. Einerseits ist eine äußere Machtstellung des Mannes in der Gesellschaft gegeben. Andererseits wirkt die innere Ohnmacht negativ (vgl. Döge/Volz, 2002, S. 16). Für seine Fixierung auf Macht und Erfolg zahlt der Mann psychisch und physisch einen hohen Preis (vgl. Hollstein, in: Kreft/Mielenz, 2008, S. 577). Es fällt einer großen Mehrheit der Männer trotz der offenkundigen Krise von Männlichkeit schwer, sich realitätsgerecht mit ihrer äußeren und inneren Verfasstheit auseinander zu setzen. Verdrängung und Rationalisierung sind die Regel. Aufgrund der Verhaltenserwartungen trauen sich Männer nicht, Probleme einzugestehen und um Hilfe zu bitten. Die männliche Rolle verbietet es ihnen, in eine eigene Krisensituation zu geraten, geschweige denn darüber zu reden. Aus Angst bagatellisieren sie manifeste Schwierigkeiten oder projizieren ihre Probleme auf andere, bevor sie sie in einem späteren Stadium als eigene anerkennen können. Da Männer sich so stark in sozialen Situationen und Sachzwängen verankert sehen, entwickeln sie wenig Mut, Phantasie und Veränderungswillen. Männer wollen schnell und nahezu technokratisch nach der Erkenntnis eines Problems Abhilfe schaffen. Diese Aspekte belegen, dass die meisten Männer noch sehr in ihren Rollen eingebunden sind (vgl. Hollstein, in: Kreft/ Mielenz 2008, S. 578f.). Zusätzlich entstehen in einer Situation von Verhaltensunsicherheit immer Angst und Desorientierung. Jedoch sind mit der Veränderung der Männlichkeit auch Chancen verbunden. Zum einen besteht zum ersten Mal seit Jahrhunderten die Möglichkeit, das männliche Rollenkorsett zu lockern. Zum anderen haben sie jetzt seit Jahrhunderten die Möglichkeit zu sehen und zu erleben, wer sie wirklich sind, statt sich von außen definieren zu lassen, d. h. gesellschaftlichen Zwängen und Erwartungen zu unterliegen (vgl. Hollstein, 1999, S. 11).

1.2.3 Männliche Geschlechterrollen

Die Geschlechterrolle wird in den sozialwissenschaftlichen Diskursen als psychologische Entsprechung des biologischen Geschlechts verstanden. Dabei ist zu beachten, dass sich die angemessene Geschlechtsrollenidentität in Erwerb und Besitz derjenigen Eigenschaften und Attitüden manifestiert, die im psychologischen Sinne das biologische Geschlecht bestätigen. Diesbezüglich korrespondiert eine implizierte Normativität des Konzepts der Geschlechterrolle (vgl. Meuser, 2006, S. 51). Gegenüber der Stereotype beinhalten die Geschlechterrollen über die Beschreibung hinaus eine normative Erwartung bestimmter Eigenschaften und insbesondere Handlungsweisen. Der Rollenbegriff impliziert an deren Inhaber bestimmte Rollenerwartungen. Außerdem kann diese Position erworben oder zugeschrieben werden, während die Geschlechterrolle immer zugeschrieben, universal und zeitlich immer vorhanden ist. Je nach Kontext kann sie aber mehr oder weniger stark hervortreten (vgl. Alfermann, 1996, S. 31). Um das Rollenkonzept mit dem männlichen sozialen Geschlecht zu verbinden, gibt es zwei Möglichkeiten. Bei der ersten Möglichkeit kann man die Rollen als abhängig von bestimmten Situationen betrachten. Daran knüpft beispielsweise das rollengebundene Verhalten eines Mannes während der Werbephase und in der Ehe. Die zweite Möglichkeit ist jedoch sehr viel gebräuchlicher. Man sieht das Mannsein als ein Bündel allgemeiner Erwartungen, das dem biologischen Geschlecht anhaftet (vgl. Connell, 1999, S. 41). Anstelle der überkommenen Selbstverständlichkeiten der Geschlechterrollen kommen seit einiger Zeit neue aber vorerst nur wenige Gewissheiten und vielerlei Irritationen auf. Im Gegensatz zu den Frauen, die speziell seit der Emanzipation, also seit Jahrzehnten, die Selbstverständigung darüber vorantreiben, diskutieren Männer über

ihre Rolle erst seit jüngster Zeit. Diverse maskuline Unsicherheiten und Orientie-
rungslosigkeiten haben seither zugenommen, weil die traditionellen und in der
Vergangenheit stabilen Orientierungsmuster durch Pluralisierungs- und Individua-
lisierungsprozesse tendenziell aufgelöst werden. Die klassische männliche Geschlechterrolle verändert sich durch die damit verbundenen Veränderungen in den
Bewusstseins- und Handlungsmustern. Heutzutage sind diese vielschichtig und
spiegeln sich in segmentierten, widersprüchlichen und in sich gebrochenen Einstellungen wider (vgl. Brenner/Grubauer, in: Brenner/Grubauer, 1991, S. 8).

Die traditionelle Männerrolle sieht den Mann als Berufsmenschen. Das leben
seiner Frau ist seinem zugeordnet und er gilt damit als das Haupt der Frau. Das
traditionelle Männerbild sieht den Mann im Beruf und weist ihm die Verantwortung für die finanzielle Versorgung der Familie zu. Des Weiteren ist die traditionelle Männerrolle dadurch gekennzeichnet, dass der Mann in seiner Arbeit seinen persönlichen Sinn erfährt. Die Rollenausübung ist von Bestimmtheit und Dominanz
geprägt (vgl. Zulehner/Volz, 1998, S. 36). Die Rolle des Mannes ändert sich jedoch
hin zu einer neuen Männerrolle. Zu ihr gehört vor allem die Bereitschaft, sich der
Familie hinzugeben, d. h. beispielsweise auch Erziehungsurlaub zu nehmen. Damit
ist auch die Akzeptanz der Erwerbstätigkeiten der Frauen mit der Rückwirkung auf
das eigene Leben, sich gemeinsam um Haushalt und Kinder zu kümmern, verbunden. In dieser neuen Männerrolle ist es für einen Mann eine persönliche Bereicherung, zur Betreuung seines Kindes in Erziehungsurlaub zu gehen. Gleichzeitig ist
sie durch Gleichheit geprägt, weil sie im Optimalfall vorsieht, dass sowohl der
Mann und als auch die Frau halbtags erwerbstätig sind und sich beide Partner
gleich um Haushalt und Kinder kümmern. Demnach tragen beide, Mann und Frau,
zum Haushaltseinkommen bei (vgl. Zulehner/Volz, 1998, S. 38).

1.3 Zusammenfassung

Die Geschlechter kann man in ein biologisches und in ein gesellschaftliches, soziales, kulturelles Geschlecht unterteilen. Das biologische Geschlecht kann am Ausse-
hen bzw. an den Geschlechtsmerkmalen erkannt werden. Das gesellschaftliche,
soziale, kulturelle Geschlecht wird durch Zuschreibung der für diese Gruppe als
typisch erachteten Charakteristika in Mann und Frau unterteilt. Speziell das Geschlecht des Mannes und was mit Männlichkeit verbunden wird, wird in der Gesellschaft mit Stärke, Macht, Erfolg etc. verbunden. Es gibt eine Reihe von männlichen stereotypen Eigenschaften, die ein typisches männliches Verhalten beschreiben. Die traditionelle männliche Geschlechterrolle sieht den Mann im Berufsleben.

In der Familie gilt er als der Versorger. Zum großen Teil wird in der Gesellschaft weiterhin die Männlichkeit vor allem in der Kontrolle bzw. Unterdrückung von Emotionen (Gefühle von Schwäche, Schmerz, Trauer und Nachgiebigkeit) verknüpft. Bereits in den ersten Lebensjahren eines Jungen findet eine diesbezügliche Sozialisation statt. Über die Männlichkeit werden Männern Eigenschaften zugeschrieben. Allerdings sind diese Zuschreibungen, die mit dem biologischen Geschlecht verbunden werden, im sozialen Wandel. Durch die Auflösung der traditionellen Männlichkeit vollzieht sich diesbezüglich ein Wandel. Zunehmend spiegelt sich dieses auch in Veränderungen der Selbstverständlichkeiten der Geschlechterbeziehungen. Zwar sind die meisten Männer in den traditionellen Rollen weiterhin eingebunden, jedoch löst sich dieses durch den fortschreitenden Wandel der Gesellschaft immer mehr auf.

2. Gender und Gender Mainstreaming

In den letzten Jahrzehnten tauchen die Begriffe Gender und Gender Mainstreaming in der Geschlechterforschung auf. Es wird viel darüber diskutiert, was unter Gender verstanden werden kann. Des Weiteren wird hinterfragt, welche Möglichkeiten Gender als multidimensionales Konzept aufweist und welche Grenzen es mit sich bringt (vgl. Frey, 2007, S. 18). Außerdem gibt es verschiedene Wege und Strategien, um eine Gleichstellung der Geschlechter zu erreichen. Eine der aktuellsten Strategien ist das Gender Mainstreaming. Ohne die Begriffe wäre der Aufriss der Geschlechterthematik daher nicht denkbar (vgl. Doblhofer/Küng, 2008, S. 26).

2.1 Gender

Die Auflösung traditioneller sozialer Gefüge vor etwa einem Jahrhundert brachte Vereinzelung, Sinnverlust und Orientierungslosigkeit mit sich. Diese gesellschaftlichen Verunsicherungen im Zuge von Modernisierungsprozessen haben sich ein dreiviertel Jahrhundert später weiter ausgebreitet. Die nicht mehr als selbstverständlich hingenommene Vorherrschaft von Männern in der Öffentlichkeit, der Wissenschaft und im Alltag brachte einen feministischen Angriff auf die androzentrische Weltauslegung und -bemächtigung mit sich. Das frühere Unhinterfragte galt nicht mehr als selbstverständlich und wurde zum Gegenstand politischer, zwischenmenschlicher und wissenschaftlicher Auseinandersetzungen. Dadurch entstand die Unklarheit, was Männer und Frauen wirklich sind bzw. ausmacht (vgl. Degele, 2008, S. 24f.). Um der Frage nach Geschlecht oder Geschlechtszugehörigkeit nachzugehen, wurde der Blickwinkel aus der Beschäftigung mit Einzelpersonen hin zur Analyse von sozialen Mustern und Regeln verlagert (vgl. Gildemeister, in: Buchen/Helfferich/Maier, 2004, S. 31). Auf diese soziale Dimension des Geschlechts verweist der Begriff Gender (vgl. Ehrhardt, in: Jansen/Röming/Rohde, 2003, S. 13).

2.1.1 Definition

Der Begriff Gender stammt aus dem lateinischen Verb „generare – erzeugen" und bezieht sich auf das Erzeugen von Kategorien, Wertungen und Beziehungen (vgl. Welpe/Schmeck, 2005, S. 22f.). Gender verweist darauf, dass Geschlechtsidentitäten wie Weiblichkeit und Männlichkeit nicht angeboren, sondern vielmehr ein Produkt spezifischer sozio-kultureller, sowie historischer Konstruktionen sind. Diese müssen in jedem Moment des Alltagshandels interaktiv hergestellt werden („doing" Gender) (vgl. Tuider, in: Fuchs-Heinritz/Klimke/Lautmann, 2011, S. 232). Man findet häufig die Auffassung, dass eine eindeutige Übersetzung des Begriffs Gender ins Deutsche nicht möglich sei. In den meisten Fällen wird Gender, wie bereits definiert, annähernd mit sozialem Geschlecht oder mit Geschlechterrolle umschrieben. Als Folge einer latent vorherrschenden „Biophobie" hat sich der Genderbegriff kulturalistisch verengt. Durchgängig wird eine biologische Grundierung von Geschlechterverhältnissen verneint. Dazu wird fälschlicherweise oft biologisch mit genetisch verwechselt. Jedoch ist bereits mit der Annahme, dass das Geschlecht keine biologische Basis habe, eine Annahme über die Rolle der Biologie im menschlichen Leben verbunden (vgl. Döge, in: Burbach/Döge, 2006, S. 25f.). Des Weiteren beschreibt der Begriff die geschlechtsspezifischen und geschlechtstypischen Verhalts- und Rollenerwartungen im Kontext von Kultur und Gesellschaft. Auf gesellschaftlichen Einflüssen, die die Menschen im Laufe des Lebens prägen, basiert Vieles von dem, was als typisch für Frauen oder Männer erscheint. Es gibt eine große Reihe der möglichen Definitionen von Geschlechterrollen an denen deutlich wird, dass Männlichkeit und Weiblichkeit Konzepte sind, die sozial konstruiert werden. Die Gesellschaft beeinflusst die Lebenswelten von Frauen und Männern in der Art und Weise, wie sie Gender definiert (vgl. Welpe/ Schmeck, 2005, S. 21). In der geschlechtlichen Differenzierung wird dabei nicht von Männern und Frauen ausgegangen und Geschlecht als Variable eingesetzt, sondern sie verlagert *„sich vielmehr vom individuellen Handlungsträger hin zu dem System von sozialen Praktiken, die die Geschlechtsdifferenzierung im Ergebnis hervorbringen („doing gender")"* (Gildemeister, 2004, S. 30).

2.1.2 Sex und Gender als symbiotisches Begriffspaar

Ursprünglich stammt die Unterscheidung aus dem medizinischen Kontext der Behandlung trans- und intersexueller Personen in den 1960er Jahren (vgl. Degele, 2008, S. 67). Ende der 70er Jahre kritisierte die feministische Wissenschaft in den

14

USA sowohl Politik als auch Wissenschaft und war damit auch entscheidend an der Theoriebildung zur Bedeutung der Geschlechtszugehörigkeit beteiligt. Aus dieser Bewegung heraus entstand die analytische Unterscheidung von „Sex" und „Gender" (vgl. Welpe/Schmeck, 2005, S. 23). Die Idee von Gender, d. h. dass das Geschlecht eine soziale Kategorie ist, gab es bereits auch viel früher. Jedoch war Gender noch ein rein grammatikalischer Begriff. Ab der Zeit der Frauenbewegung wird der Begriff in einen gesellschaftspolitischen Kontext gebracht. Dabei wird klar zwischen den Begriffen Sex und Gender getrennt. Sex bezieht sich dabei auf die biologischen Unterschiede zwischen männlich und weiblich. Gender ist hingegen ein Aspekt der Kultur und bezieht sich auf die soziale Klassifizierung (vgl. Frey/Dingler, in: Heinrich Böll Stiftung, 2002, S. 9). Eine kritische Auseinandersetzung mit dem Begriff Geschlecht und die Unterscheidung zwischen biologischem und sozialem Geschlecht wurden erst durch die Untersuchung der Kategorie Gender ermöglicht. Ausgehend von der Soziologie und den politischen Wissenschaften hat sich Gender seither auch in anderen Wissenschaftsbereichen als Forschungsgegenstand durchgesetzt und etabliert, weil man damit den Einfluss von geistigen und kulturellen Denkmustern auf die Entstehung von „Wirklichkeit" ableiten kann (vgl. Welpe/Schmeck, 2005, S. 23).

Die Trennung zwischen Sex und Gender, d. h. dem biologischen und kulturellen Geschlecht, avancierte zur theoretischen Leitdifferenz, mit der deutlich gemacht wurde, dass die gesellschaftlichen Positionen, die Frauen und Männer haben, ein Ergebnis kultureller und gesellschaftlicher Organisation sind und nicht, wie in den vorherigen Theorien angenommen, eine Konsequenz einer natürlichen Geschlechtsdifferenz sind. Es wird darauf bestanden, dass zwischen Sex und Gender kein kausaler Zusammenhang besteht. Aus diesem Grund kann die Trennung in Sex und Gender als radikale Strategie der Denaturalisierung verstanden werden. (Soziale) Ungleichheiten können demnach auch nicht mit biologischen Tatsachen begründet werden (vgl. Huschke, 2002, S. 57f.). An dem folgenden Schema wird der Unterschied der Begriffe besonders deutlich. Sex ist biologisch und von Geburt an gegeben. Deswegen kann es nicht geändert werden. Beispielsweise können nur Frauen gebären oder nur Männer zeugen. Im Gegensatz dazu ist Gender kulturell und durch Sozialisation erlernt. Aus diesem Grund kann Gender geändert werden. Beispielsweise können Frauen und Männer als Lehrer, Ingenieure oder Arbeiter beruflich tätig sein oder Frauen und Männer können sich um ältere Menschen oder Kinder kümmern. Die kulturelle Einordnung könnte jedoch Probleme mit sich bringen bzw. eine Reihe von problematischen Ausschlüssen in sich bergen. Um dieses zu vermeiden, wird der Begriff Gender folglich von der Entstehungsgeschichte und der spezifischen Situiertheit betrachtet. Aus dieser Sicht ist Gender eine durchweg historische Kategorie (vgl. Frey/Dingler, in: Heinrich Böll Stiftung, 2002, S. 10).

Da die deutsche Sprache nur ein Wort für Geschlecht zur Verfügung stellt, kann der Genderbegriff, wie es bereits im englischen Sprachraum geschehen ist, dafür genutzt werden, um Abweichungen von biologischen und sozial-kulturellen Geschlechtern zum Ausdruck zu bringen. Demnach bezeichnet Sex das biologische Geschlecht und Gender das sozial-kulturelle Geschlecht, die Geschlechtsidentität oder die Geschlechtszuschreibungen. Die Gleichung „Geschlecht = Sex + Gender" versinnbildlicht den Facettenreichtum der Geschlechteridentität (vgl. Merz, 2001, S. 51). Darüber hinaus geht aus der Trennung von Sex und Gender hervor, dass Gender keine zwangsläufige Konsequenz von Sex ist und die biologische Geschlechterdifferenz keinerlei gesellschaftliche Ungleichheit begründet (vgl. Degele, 2008, S. 67). Durch die Einführung des Gender-Konzepts wird die Vorstellung der Biologie als Schicksal angetastet und sich damit dagegen gewehrt. Gender dient auch dazu, das gesellschaftliche Feld zu verändern. Die Veränderung basiert auf einem möglichen Verschwinden von starren Stereotypen und Rollen (vgl. Frey/ Dingler, in: Heinrich Böll Stiftung, 2002, S. 11).

2.1.3 Herstellung von Geschlecht

Die Vorstellungen, dass es nur zwei Geschlechter (Frau und Mann) gibt und dass Frauen und Männer sich grundsätzlich in Denkstrukturen, Einstellungen und Eigenschaften unterscheiden, prägen das gesellschaftliche Alltagsverständnis von Geschlecht. Frauen und Männer begegnen sich in zwischenmenschlichen Interaktionen nicht unvoreingenommen. Aufgrund ihrer Erwartungshaltung produzieren und reproduzieren sie die vorherrschenden Genderrollen (vgl. Welpe/Schmeck, 2005, S. 25). Geschlecht gibt mehr wieder als das Geschlecht, das „in den Papieren" steht. Außerdem ist es nicht bloss etwas Festes, was die Menschen haben, sondern Etwas, was sie tun und was mit ihnen getan wird. Im Englischen spricht man demzufolge von „doing" Gender; Geschlecht wird gemacht (vgl. Merz, 2001, S. 53). Die ursprüngliche Herstellung von Geschlecht, die die Einteilung von Menschen in Männer und Frauen auf der Basis biologisch-natürlich definierter Unterschiede und vermeintlich darauf aufbauender Unterschiede in Verhaltensmustern vorsah, wurde durch die Gender-Theorie weiterentwickelt (vgl. Gottschall, in: Farzin/Jordan, 2008, S. 80f.). Die Herstellung von Geschlecht geschieht gemäß „doing" Gender durch aktive und passive Beteiligung als einzelne Menschen, als Gruppen, als Angehörige verschiedenster Arten von Institutionen (Familie, Schule,

Betrieb etc.), als Teil der Gesamtgesellschaft mit ihren politisch-rechtlichen Strukturen, über Sprache, Bilder, Kommunikation, Kunst, Werbung, Bücher, Internet und vieles mehr. Aus dem „doing" Gender wird man zur Frau oder zum Mann. Das damit hergestellte Geschlecht interpretiert und erfüllt Rollen, entspricht oder widerspricht Rollenerwartungen und beteiligt sich dabei, diese Rollen zu definieren, zu verändern oder aufzubrechen (vgl. Merz, 2001, S. 53f.). Des Weiteren handelt jede Person, unabhängig davon ob männlich oder weiblich, meistens unbewusst entsprechend ihrer vorgegebenen Geschlechterrolle. Die vorgegebenen Genderrollen werden durch geschlechtstypische Interaktionen in jedem zwischenmenschlichen Kontakt immer wieder durch geschlechtstypische Interaktionen bekräftigt. Eine Person bildet ihre Geschlechtsidentität aus, indem sie sich an den gesellschaftlich vorgegebenen Prototypen von Männlichkeit und Weiblichkeit orientiert. Das reguläre Verhaltensmuster entsteht durch Bevorzugung oder Vernachlässigung von Handlungsmöglichkeiten. In der Geschlechtsidentität verfestigt sich die Vorstellung von dem, was für Frauen und Männer „normal" ist. Dieses wird in zwischenmenschlicher Interaktion reproduziert. Entscheidend ist, dass es jeder Person frei steht, die vorherrschenden Normen und Rollenerwartungen kritisch zu hinterfragen und in wie weit sie diesen entsprechen möchte. Jedoch muss dafür ein Bewusstsein über die Veränderbarkeit vor Genderrollen und über die Möglichkeit, sich Verhaltensalternativen anzueignen, vorausgesetzt sein. Es wird eine Grundlage geschaffen, auf der neue Einstellungen und Umgangsformen zwischen den Geschlechtern entstehen können, wenn Frauen und Männer diese Konventionen überschreiten (vgl. Welpe/Schmeck, 2005, S. 25f.).

2.1.4 Konstrukt der sozialen Wirklichkeit

In der Gender-Theorie steht der Aspekt der Konstruktion von Männlichkeit und Weiblichkeit im Mittelpunkt. Dabei wird nachgegangen, wie Frauen und Männer gedacht und wahrgenommen werden, wie sich Individuen als weiblich oder männlich präsentieren, welche Eigenschaften ihnen zu- oder abgesprochen werden oder in welchen Prozessen sich im Alltag die Geschlechterzugehörigkeit vollzieht. Damit wird auch mehr über die soziale Herstellung von Geschlechtsbedeutungen erfahren (vgl. von Bargen, in: Heinrich Böll Stiftung, 2002, S. 5). Ausgehend vom sozialen (und nicht biologischen) Geschlecht kann man mit Gender alles bezeichnen, was im Alltag und in den Wissenschaften den Kategorien Frau und Mann zugeordnet wird. Das impliziert alles, was an Verhaltensweisen, Haltungen, Ausdrucksweisen und Rollen angeeignet wird, weil es für Frauen oder Männer als normal gilt, sowie alles, was dem Geschlecht angemessen erscheint (männliche Durchsetzungskraft oder weibliche Kommunikationsfähigkeit) (vgl. Merz, 2001, S. 52). Geschlecht kann insofern als eine, wenn auch nicht einzige, elementare Ordnungskategorie bezeichnet werden, die dazu beiträgt bzw. verwendet wird, vereindeutigend zu trennen und zu unterscheiden (vgl. Rendtorff/Moser, in: Rendtorff/Moser, 1999, S. 28). Die Ordnungsfunktion unterstellt, dass die Unterscheidung zwischen Frauen und Männern, weiblich oder männlich, speziell der Orientierung (Einordnung und Klassifizierung, der Unterscheidung und der Verständigung über die jeweilige Bedeutung innerhalb der Gesellschaft) dient. Dieser konstruierende Aspekt wird gegenüber dem naturhaften betont. Dabei teilt der natürliche Geschlechtskörper nicht von selbst den Menschen in Frauen oder Männer, sondern dieses geschieht erst in einem gesellschaftlichen Ordnungsprozess (vgl. Rendtorff/Moser, in: Rendtorff/Moser, 1999, S. 16). Daran knüpft die Gender-Theorie. Die soziale Kategorisierung des Geschlechts ist dabei nämlich ein grundlegendes generatives Muster der Erzeugung sozialer Ordnung, die erst danach Frauen und Männer hervorbringt und demzufolge die soziale Wirklichkeit des Geschlechts zeigt (vgl. Gildemeister, in: Buchen/Helfferich/Maier, 2004, S. 30).

2.2 Gender Mainstreaming

In den vergangenen Jahrzehnten wurde eine Reihe von Gesetzen und Verordnungen verabschiedet, um gleiche Ausgangsbedingungen und Chancen in der Gesellschaft für Frauen und Männer zu schaffen. Bisher fehlt ein selbstverständliches und gesellschaftsweites Bewusstsein für die praktische Relevanz von Genderaspekten. Vielfach wird das Ziel der Chancengleichheit, das auch im deutschen Grundgesetz verankert ist, als eine gesonderte politische Angelegenheit betrachtet. Die meisten Gesellschaftsmitglieder sehen sich selbst für die Umsetzung nicht in der Verantwortung (vgl. Welpe/Schmeck, 2005, S. 75). Sowohl Individuen als auch Organisationen sollen jedoch in ihr Handlungsmuster ein Geschlechtsbewusstes Denken, Entscheiden und Handeln binden und es zur Selbstverständlichkeit werden lassen (vgl. Huschke, 2002, S. 94). Einen modernen Ansatz der Politik und Wirtschaft für eine gerechtere Verteilung von Chancen und Risiken für beide Geschlechter liefert diesbezüglich das Konzept des Gender Mainstreaming, das reale Aussichten auf Qualitätssteigerung, Qualitätssicherung und Chancengleichheit hat (vgl. Welpe/Schmeck, 2005, S. 75).

Auf der 3. UN-Weltfrauenkonferenz in Nairobi (1985) wurde das Gender Mainstreaming als politische Strategie vorgestellt und auf der 4. Weltfrauenkonferenz in Peking (1995) beschlossen. Für die Mitgliedsstaaten der Europäischen Union ist sie auch rechtsverbindlich, weil sie u. a. im Amsterdamer Vertrag festgeschrieben ist. Gender Mainstreaming ist eine Strategie, mit der die Gleichstellung von Frauen und Männern gefördert wird (vgl. Klein, in: Fuchs-Heinritz/Klimke/ Lautmann, 2011, S. 232). Der englische Begriff „mainstream" kann zunächst ins Deutsche mit Hauptstrom übersetzt werden. *„,To mainstream' bedeutet, etwas das bisher lediglich am Rande betrachtet wurde als zentrales Kriterium aufzunehmen, mitzudenken, als durchgängigen, ,roten' Faden zu sehen"* (Stepanek/Krull, 2001, S. 23). Am Beispiel des Geldes, das ein klassisches Mainstreaming-Thema ist, kann es sehr gut versinnbildlicht werden. Obwohl nicht jeder Finanzexperte ist, wird man in unserer Geldgesellschaft selbstverständlich bei den meisten Aktivitäten mit den Fragen nach Kosten oder der Bezahlung konfrontiert. Man hat gelernt mit den Finanzfragen umzugehen, weil das Basiswissen in Geldfragen zu unserer Kulturtechnik gehört (vgl. Doblhofer/Küng, 2008, S. 26). Demnach soll Chancengleichheitspolitik von der Neben- auf die Hauptstraße gebracht werden. In allen Planungen in den Organisationen soll sich Gender Mainstreaming als durchgängiges Prinzip etablieren, um die Geschlechterfrage zur Querschnittsaufgabe zu machen (vgl. Ehrhardt, in: Jansen/Röming/Rohde, 2003, S. 14). Die Geschlechterproblematik soll nicht mehr als Sonderthema, sondern als Hauptströmung angesehen werden. In diesem Zusammenhang ist dies auch hauptsächlich die Motivation für die Verwendung des Begriffs „Mainstreaming" (vgl. Huschke, 2002, S. 93). Zu langfristigen strukturellen Veränderungen kann die Gleichstellungspolitik nur dann beitragen, wenn simultan die Gleichstellung in allen Politik- und Arbeitsbereichen als Querschnittsthema angesehen wird. Das Gender Mainstreaming ist eine Doppelstrategie, weil alle Vorhaben auf ihre geschlechtsspezifischen Wirkungen hin überprüft und so gestaltet werden, dass sie einen Beitrag zur Förderung der Gleichstellung von Frauen und Männern leisten (vgl. Klein, in: Fuchs-Heinritz/Klimke/ Lautmann, 2011, S. 232).

Anders ausgedrückt bedeutet Gender Mainstreaming die Entwicklung, Organisation und Evaluierung von Entscheidungsprozessen. Das Ziel ist es, die Geschlechterperspektive in alle politisch-administrativen Maßnahmen auf allen Ebenen durch alle am politischen Entscheidungsprozess Beteiligten Personen einzubauen (vgl. Ehrhardt, in: Jansen/Röming/Rohde, 2003, S. 14). In alle Entscheidungsprozesse aller Akteure geht die Perspektive der Geschlechterverhältnisse ein. Das zwingende

Ziel des Gender Mainstreaming steht neben anderen Zielen jeden Handelns und darf diesen aber in keinem Fall geopfert werden (vgl. Baer, in: Baaken/Plöger, 2002, S. 19). Die unterschiedlichen Ausgangsbedingungen und Auswirkungen auf Männer und Frauen sollen in jedem Politikbereich und auf allen Ebenen Berücksichtigung finden, damit eine tatsächliche Gleichstellung der beiden Geschlechter erreicht wird. Die Implementierung des Genderbegriffs in die Politik bzw. das Gender Mainstreaming verdeutlicht, dass es um Männer und Frauen sowie um das Verhältnis zwischen den Geschlechtern geht. Dabei wird Gender Mainstreaming zu einer Gemeinschaftsaufgabe von Frauen und Männern zur Verbesserung von Arbeits- und Lebensqualität beider Geschlechter. Es geht daher nicht um reine Frauenpolitik, sondern um eine Genderpolitik, mit der eine Geschlechterdemokratie für beide umgesetzt werden soll. Nicht nur Benachteiligungen von Frauen (z. B. kein Gleichgewicht der Geschlechter in den Führungspositionen), sondern auch Benachteiligungen von Männern (z. B. bei Work-Life-Balance) werden angegangen und versucht, eliminiert zu werden (vgl. Ehrhardt, in: Jansen/Röming/Rohde, 2003, S. 14).

2.2.2 Hauptmerkmale

Beim Gender Mainstreaming sind fünf Hauptmerkmale vorhanden. Das erste Hauptmerkmal bezieht sich auf den Aspekt, dass die Männer zusätzlich im Blickfeld stehen. Es reicht nämlich zur Debatte über das Geschlechterverhältnis nicht aus, nur die Situation der Frauen zu kennen. Ebenso sorgfältig muss die Situation der Männer beschrieben werden können. Die ursprünglichen Frauenfragen werden zu Geschlechterfragen, sodass sich vor allem für die Männer etwas verändert. Es ist noch eine junge Errungenschaft, dass sich Männer als Geschlechtswesen begreifen. Diese Ansicht bringt aber den Vorteil, dass sie als ganze Wesen und nicht als Schablonen betrachtet werden (vgl. Doblhofer/Küng, 2008, S. 27). Das zweite Merkmal bezieht sich darauf, in allen Bereichen aktiv zu werden. D. h. nicht nur in der Politik, sondern auf allen möglichen Ebenen sollen gleiche Zugangsmöglichkeiten zu allen Bereichen und Tätigkeiten bestehen. Beispielsweise muss die sexuelle Diskriminierung aufgehoben und die so genannten Frauenberufe aufgewertet werden. Die Vereinbarkeit von Familie und Beruf soll außerdem nicht nur für Frauen, sondern auch für Männer verbessert werden. Neben den angesprochenen Punkten von Bildung, Erwerbsarbeit, Kindererziehung und Familienarbeit bestehen viele weitere Bereiche (vgl. Döge, in: Jansen/Röming/Rohde, 2003, S. 40). Das dritte Hauptmerkmal ist die Doppelstrategie, die das Gender Mainstreaming inne-

20

hat (vgl. Doblhofer/Küng, 2008, S. 31). Zum einen sollen Ungleichheiten beseitigt und zum anderen die Gleichstellung gefördert werden (vgl. Klein, in: Fuchs-Heinritz/Klimke/Lautmann, 2011, S. 232). Es braucht spezifische Maßnahmen für ein Geschlecht, damit gerechtere Situationen geschaffen werden können. In jeder Situation ist konkret abzuwägen und zu entscheiden, ob eine gleiche Behandlung dem Ziel der Gleichstellung dient. In sämtlichen Handlungsfeldern und Themen sind Maßnahmen anzugehen, damit die Gleichstellung gefördert werden kann. Auch an dieser Stelle ist immer wieder abzuwägen, ob spezifische Maßnahmen oder Mainstreaming- Aktivitäten nötig sind (vgl. Doblhofer/Küng, 2008, S. 31f.). Das vierte Hauptmerkmal ist, dass das Gender Mainstreaming Prozesse gestalten muss. Dafür müssen bestimmte Rahmenbedingungen vorhanden sein: Engagement und Hingabe auf höchster Ebene, Bewusstseinsbildung auf allen Ebenen, Anwendung der angesprochenen Doppelstrategie, klare Zuweisung von Zuständigkeiten und Ressourcen (Zeit, Geld, Personen), Bewertung der geschlechtsspezifischen Auswirkungen und Gleichstellungsprüfung sowie Controlling (vgl. Doblhofer/Küng, 2008, S. 33). Gender Mainstreaming als „Top-Down-Prozess" mit klarer Verantwortlichkeit ist das fünfte bzw. letzte Hauptmerkmal (vgl. Ehrhardt, in: Jansen/Röming/Rohde, 2003, S. 34). Die Aufgaben inklusive der Verantwortung kann nicht von den Führungskräften delegiert werden, sodass die Zuständigkeit bei der Spitze bleibt. Zu beachten ist, dass allerdings alle Beteiligten dazu beitragen, nachhaltig die erwünschten Veränderungen auch tatsächlich umzusetzen (vgl. Doblhofer/Küng, 2008, S. 34).

2.2.3 Umsetzung

Es liegen unterschiedliche Instrumentarien zur Umsetzung von Gender Mainstreaming vor, die im Wesentlichen weitere Elemente beinhalten. Die Qualifizierung ist eines dieser Instrumentarien. Darunter fallen Elemente, wie beispielsweise Gender Trainings (vgl. Bohn, in: Kreft/Mielenz, 2008, S. 348). In Diskussionen darüber, wie Geschlechterverhältnisse verändert werden können, ist die Praxis der Gender Trainings eingebettet. Das Verständnis des Konzepts Gender ist besonders relevant. Dieses gilt vor allem für die Trainer, die dieses Wissen über Gender vermitteln. Es gilt daher die Trainer über das Wissen von Gender zu qualifizieren, damit sie im nächsten Schritt dieses Wissen weitervermitteln können (vgl. Frey, 2007, S. 17). Ein weiteres Instrumentarium ist die Organisation- und Personalentwicklung. Dabei wird die Gleichstellung im Profil der Organisation verankert und die Personalpolitik am Gender Mainstreaming Prinzip ausgerichtet (vgl. Meyer/von Ginsheim,

2002, S. 108f.). Analytische, konsultative und evaluierende Verfahren sind ebenfalls Instrumentarien für die Umsetzung von Gender Mainstreaming, die nicht fehlen dürfen, weil sie viele Methoden, Konzepte und Instrumente mit einschließen. Außerdem ist die Standardisierung von Verfahrensabläufen (u. a. Check-Listen für Kabinettsvorlagen oder Gender Budgets) ein Instrumentarium zur Umsetzung des Gender Mainstreaming, das nicht fehlen darf (vgl. Bohn, in: Kreft/Mielenz, 2008, S. 348). *„Gender Mainstreaming geschieht nicht von selbst und ist auch nicht eine Einzelaktivität einer engagierten Gleichstellungsbeauftragten"* (Welpe/Schmeck, 2005, S. 81). Die Förderung von Chancengleichheit liegt daher auch nicht im Zuständigkeitsbereich von separaten und gesonderten Abteilungen. Die Besonderheit besteht nämlich darin, dass es zum festen Bestandteil der Organisationsstruktur wird. Für die Umsetzung von Gender Mainstreaming sind alle Personen, die an Entscheidungsprozessen beteiligt sind, verantwortlich. Verbindliche Zielvorgaben werden dafür vom Topmanagement gesetzt. Für die Realisierung und Ressourcenbereitstellung sind die Führungskräfte aller Ebenen verpflichtet. Mit seinem Knowhow berät, steuert und begleitet die/der Gleichstellungsbeauftragte als Genderexperte/in die Realisierung. Die dazugehörigen Aktionen und Maßnahmen führen die Mitarbeiter/Innen durch. Bei den Veränderungen im internen Gender Mainstreaming Prozess sind die Personalabteilung und die Personalräte zentrale Bündnispartner. Des Weiteren kommuniziert die Presseabteilung Gender Mainstreaming nach innen und nach außen. An diesen Schritten wird ersichtlich, dass die Umsetzung von Gender Mainstreaming die gemeinsame Leistung aller in einer Organisation ist (vgl. Welpe/Schmeck, 2005, S. 82).

2.2.4 Paradigmenwechsel

Die politische Führung und die Leitung von Verwaltungen, Organisationen und Unternehmen müssen den Auftrag des Gender Mainstreaming annehmen. Sie müssen dafür Sorge tragen, dass die unterschiedlichen Interessen und Belange von Frauen und Männern in der Organisationsstruktur, in der Gestaltung von Prozessen und Arbeitsabläufen, in den Ergebnissen und Produkten, in der Kommunikation und Öffentlichkeitsarbeit sowie in der Evaluation und Steuerung Berücksichtigung finden. Dieses muss in der Art und Weise stattfinden, dass das Ziel der Gleichstellung von Frauen und Männern effektiv verwirklicht werden kann (vgl. Bohn, in: Kreft/Mielenz, 2008, S. 348). Das Konzept des Gender Mainstreaming unterscheidet sich deutlich von der bisherigen Geschlechterpolitik, weil nicht die Individuen (Frauen oder Männer), den vorhandenen Strukturen angepasst werden sollen, sondern die Strukturen sollen an die unterschiedlichen Lebensbedingungen von Frauen und Männern angepasst werden (vgl. Döge, in: Baaken/Plöger, 2002, S. 42). Wesentliche Bestandteile des Paradigmenwechsels sind, dass das Gender Mainstreaming als Querschnittsaufgabe verstanden wird, es auf die Veränderung des Geschlechtsverhältnisses und der institutionellen Strukturen abzielt und es davon ausgeht, dass Politik nicht geschlechtsneutral ist (vgl. Bohn, in: Kreft/Mielenz, 2008, S. 348). Beide Geschlechter sollen an allen gesellschaftlichen und wirtschaftlichen Bereichen gleichberechtigt teilhaben (vgl. Klimeck/Glagow-Schicha, 2005, S. 19). Geschlechterfragen werden bis heute noch oft als reine Frauensache betrachtet und behandelt. In der Gesellschaft ist gleichermaßen noch kein Bewusstsein vorhanden, dass Männer auch geschlechtsspezifischen Benachteiligungen ausgesetzt sind. Eine weitgehend gültige jedoch unhinterfragte Norm für eine typische männliche Biographie sind lebenslange Erwerbstätigkeit, Verzicht auf aktive Vaterschaft und eine kürzere Lebenserwartung. Auf die Verbesserung dieser Aspekte bzw. auf eine Verbesserung der Lebensqualität beider Geschlechter zielt das Gender Mainstreaming ab (vgl. Welpe/Schmeck, 2005, S. 91). Es versucht eine „Win-Win Situation" für beide Geschlechter zu schaffen, da auch die Lebensrealität von Männern durch traditionelle Gendernormen negativ beeinflusst ist (vgl. Stiegler, 2002, S. 13f.). Positive Effekte auch auf die Lebensqualität der Männer hat demzufolge die konsequente Anwendung von Gender Mainstreaming, weil die traditionellen Ansichten aufgebrochen werden. Dieses begründet im Bereich der Erwerbstätigkeit eine nachhaltige Optimierung der Qualität sowie der Effektivität der eigenen fachlichen Arbeit. Des Weiteren unterliegt die eigene Identität nicht mehr den Einflüssen eines deformierenden Männlichkeitskonzepts. Es entsteht durch die Gleichwertigkeit unterschiedlicher Lebensbereiche ein größerer Gestaltungsspielraum für die individuelle Lebensplanung. Darüber hinaus wird durch innovative Arbeitszeitmodelle eine stärkere Teilhabe am Familienleben ermöglicht (vgl. Welpe/Schmeck, 2005, S. 92). Unter der Genderperspektive wird das in der Gesellschaft vorherrschende Männerbild ebenso als eine Konstruktion verstanden, wie das weibliche stereotype Bild. Da Konstruktionen revidiert werden können, ergeben sich Möglichkeiten tradierte Männlichkeitsnormen zu verändern (vgl. Stiegler, 2002, S. 14f.). „Damit haben auch Männer die Freiheit und Möglichkeit, die eigene Geschlechtsidentität zu reflektieren und in neuen Formen von Männlichkeit ihr Leben zu führen" (Welpe/Schmeck, 2005, S. 92).

2.3 Zusammenfassung

In der Geschlechterforschung tauchen seit Jahrzehnten die Begriffe Gender und Gender Mainstreaming auf. Durch gesellschaftliche Veränderungen, insbesondere durch die Frauenbewegung, verändern sich seither die traditionellen sozialen Gefüge. Die ursprünglich den Geschlechtern zugewiesenen und unhinterfragten Verhaltens- und Lebensweisen werden nicht mehr als selbstverständlich hingenommen, sodass unklar wurde, was Männer und Frauen sind bzw. ausmacht. Um diese Unklarheiten zu beseitigen wurde der Begriff Gender in die Diskussion eingebracht. Gender bezieht sich nicht auf das angeborene, sondern auf das sozio-kulturelle Geschlecht. Männlichkeit und Weiblichkeit werden aus diesem Grund als Konzepte angesehen, die sozial konstruiert werden. Die Perspektive ändert sich weg vom individuellen Handlungsträger hin zum System von sozialen Praktiken. Im Ergebnis bringen sie die Geschlechtsdifferenzierung hervor („doing" Gender). Damit wird auch die Unterscheidung von Sex und Gender begründet. Diese Trennung kann als radikale Strategie der Denaturalisierung verstanden werden, weil darauf bestanden wird, dass zwischen den Begriffen kein kausaler Zusammenhang besteht. Der Genderbegriff kann demzufolge die Abweichungen von biologischen und sozial-kulturellen Geschlechtern zum Ausdruck bringen. Das Gender-Konzept tastet die Vorstellung der Biologie als Schicksal an und ermöglicht gesellschaftliche Veränderungen (z. B. Verschwinden von starren Stereotypen und Rollen). Gemäß „doing" Gender geschieht die Herstellung von Geschlecht durch aktive und passive Beteiligung; man wird zum Mann oder zur Frau. Jeder Person steht es frei, die vorherrschenden Normen und Rollenerwartungen kritisch zu hinterfragen und in wie weit sie diesen entsprechen möchte. Überschreiten Frauen und Männer diese Konventionen, dann wird eine Grundlage geschaffen, auf der neue Einstellungen und Umgangsformen zwischen den Geschlechtern entstehen können. Erst die soziale Kategorisierung des Geschlechts bringt Frauen und Männer hervor und zeigt die soziale Wirklichkeit des Geschlechts.

Das Konzept des Gender Mainstreaming liefert einen modernen Ansatz für eine gerechtere Verteilung von Chancen und Risiken für beide Geschlechter. Mit dieser Doppelstrategie werden alle Vorhaben auf ihre geschlechtsspezifischen Wirkungen hin überprüft und so gestaltet, dass sie einen Beitrag zur Förderung der Gleichstellung von Frauen und Männern leisten. Die Umsetzung geschieht durch die gemeinsame Leistung aller in einer Organisation. Das Gender Mainstreaming ist als Paradigmenwechsel anzusehen, in dem beide Geschlechter an allen gesellschaftlichen und wirtschaftlichen Bereichen gleichberechtigt teilhaben sollen. Da auch das vorherrschende Männerbild als Konstrukt angesehen wird, kann es revidiert werden.

Dieses führt zu Möglichkeiten, tradierte Männlichkeitsnormen zu verändern und neue Formen von Männlichkeit ins Leben zu führen.

3. „Mann" lebt in der Familie

Weder im Alltag noch in der Wissenschaft gibt es eine einheitliche Auffassung darüber, was man als „Familie" bezeichnet, obwohl seit dem 16. Jahrhundert das Wort in die deutsche Sprache aufgenommen wurde (vgl. Nave-Herz, in: Kreft/Mielenz, 2008, S. 279). Nicht nur die lateinische, sondern auch die französische Sprache spielte bei der Begriffsbildung eine Rolle. Mit dem Wort „Familie" wurden bereits damals unterschiedliche Bedeutungen verknüpft. Er wurde in Bezug auf Abstammungslinien, auf Haushaltsgemeinschaften oder zum Teil als Synonym für den früher üblichen Begriff des „Hauses" verwendet. Gegenwärtig werden weiterhin unterschiedliche Bedeutungsinhalte verbunden. Viele sprechen nur dann von Familie, wenn Kinder aus der Ehe hervorgegangen sind. Andere wiederum wenden den Begriff auf kinderlose Ehepaare an und einige beziehen auch ihre Haustiere mit ein (vgl. Nave-Herz, 2006, S. 29). Die in der Wissenschaft üblichen Definitionen von Familie betonen entweder die gesamtgesellschaftliche Bedeutung der Familie oder ihren Gruppencharakter. Familie wird unter makrosoziologischer Perspektive als eine soziale Institution bezeichnet, die bestimmte gesellschaftliche Leistungen (u. a. als Reproduktions-, Sozialisations-, Platzierungs-, Freizeit- und Spannungsausgleichsfunktion) erbringt bzw. zu erbringen hat (vgl. Nave-Herz, in: Kreft/Mielenz, 2008, S. 279). Aus Sicht des Mikrosystems wird Familie als eine Gruppe besonderer Art bezeichnet, die durch eine spezifische Binnenstruktur, nämlich festgelegte soziale Rollen und eine bestimmte Qualität ihrer Beziehungen zwischen den Mitgliedern, gekennzeichnet ist (vgl. Nickel/Vetter/Quaiser-Pohl, in: Nickel/Quaiser-Pohl, 2001, S. 21). Um eine Abgrenzung zu anderen sozialen Systemen zu erhalten und wenn man dennoch die Makro- sowie die Mikro-Ebene berücksichtigen will, dann sind Familien durch die Übernahme bestimmter gesellschaftlicher Funktionen, und zwar zumindest der Reproduktions- und Sozialisationsfunktion neben anderen, die kulturell variabel sind, durch die Generationsdifferenzierung und durch ein spezifisches Kooperations- und Solidaritätsverhältnis zwischen ihren Mitgliedern gekennzeichnet (vgl. Nave-Herz, in: Kreft/Mielenz, 2008, S. 279f.).

3.1 Familie als personenprägende und gesellschaftsbildende Institution

Die Familien haben unterschiedliche äußere Erscheinungsformen. Im Laufe des gesellschaftlichen Wandels haben sie unterschiedliches zahlenmäßiges Gewicht gewonnen. Neben den dominanten ehebezogenen Familien spielen Stieffamilien, nichteheliche Familien oder Alleinerziehende eine große Rolle. Unabhängig von der Erscheinungsform erbringen Familien grundlegende und unersetzliche personenprägende und zugleich gesellschaftsbildende Leistungen. Die gesamtgesellschaftlichen Leistungen und Wirkungen (auch Funktionen genannt) beinhalten die Sicherung der Generationenfolge, die Erziehungs- und Bildungsfunktion, die Deckung des grundlegenden Lebensbedarfs der Familienmitglieder und die Solidaritätsstärkung zwischen den Generationen. Des Weiteren müssen Familien zur gesteigerten Anonymität und Zweckrationalität, sowie zur komplexer werdenden Arbeitswelt einen psychischen Ausgleich gewährleisten (Freizeitfunktion/Spannungsausgleichsfunktion) (vgl. Nave-Herz, in: Kreft/Mielenz, 2008, S. 279f.). Das individuelle Humanvermögen (physisches, psychisches, soziales und kulturelles Handlungspotential) hat gleichzeitig gesellschaftliche Dimensionen. Sie haben grundlegende Bedeutung für soziale, gesellschaftliche und ökonomische Aktivitäten und bestimmen die Produktivität. Hier wird deutlich, dass Kinder keine reine Privatsache sind. Aus gesellschaftlichem Interesse ist es eine grundlegende gesellschaftsordnungspolitische Aufgabe, die Leistungsentfaltung der Familien (-mitglieder) zu sichern (vgl. Ott, in: Wolfgang, 2002, S. 53ff.).

Vor diesem gesamten Hintergrund sind vor allem die Leistungen der Familie zu berücksichtigen, die die Gruppenaspekte von Familie umfassen und deren Handlungen sich insbesondere im Alltäglichen abspielen. Demzufolge ist das relevant, was Familien tatsächlich in Bezug auf die Kohäsion und emotionale Stabilisierung der Familienmitglieder, die Fortpflanzung, die Pflege und Erziehung der Kinder, die Haushaltsführung, Gesundheit, Erholung und die wechselseitige Hilfe erbringen (vgl. Ecarius, 2002, S. 37f.).

3.2 Entwicklung und Historie der Familien

Die Maßstäbe für ein vermeintlich „normales" Familienleben werden noch immer vielfach unbewusst mit Blick auf das bürgerliche Familienmodell bestimmt, sodass ein Rückbezug auf die Entwicklung und Historie der Familien notwendig ist (vgl. Nave-Herz, 2006, S. 37). Bislang ist trotz der über hundertjährigen Forschung keine Theorie über die historische Entstehung von Familie allgemein anerkannt. Jedoch besteht kein Zweifel, dass die Familie historisch älteren Ursprungs ist als der Staat. Aus verlässlichen Daten lässt sich bestätigen, dass es in unserem Kulturbereich zu allen Zeiten immer verschiedene Formen von Familien nebeneinander gegeben hat (vgl. Nave-Herz, in: Kreft/Mielenz, 2008, S. 280).

In der vorindustriellen Zeit lebte die Mehrheit nicht in den großen Haushaltsfamilien mit Produktionsfunktion, deren Hauptkennzeichen und Zentrum die Erstellung von Gütern und Waren, der Handel oder sonstiges Gewerbe war und die neben Familienmitgliedern auch familienfremde Personen umfassten, sondern in der Kernfamilie, die sich von den heutigen Familien in ihrer Größe unterschieden (vgl. Nave-Herz, 2006, S. 37f.). Zum Teil wohnten großfamiliale Verbände zusammen. Sie waren durch die Öffnung nach außen gekennzeichnet und keine Zufluchtsstätten vor der Öffentlichkeit, wie die heutigen dargestellt werden können. Allerdings gingen bereits ihre Mitglieder einer außerhäuslichen Erwerbstätigkeit nach. Das belegt auch, dass außerhalb des Hauses geleistete Lohnarbeit nicht erst eine neuartige, sondern eine sehr alte Erscheinung ist (vgl. Nave-Herz, in: Kreft/Mielenz, 2008, S. 280).

Zunächst begann der Prozess der Trennung der Familien- und des Erwerbsbereichs nur in der kleinen Gruppe der besitzenden Familien und setzte sich erst langsam mit dem Aufkommen des bürgerlichen Familienideals durch. Die Beziehungen zwischen den Familienmitgliedern veränderten sich mit der angesprochenen Differenzierung qualitativ, so wie sie für die heutige Familie und Ehe bestimmend sind (vgl. Nave-Herz, 2006, S. 48).

Als „traditionelle" Familie wird eine Familie bezeichnet, in der die Kinder gemeinsam mit ihren beiden Eltern in einem Haushalt leben. Die Mutter kümmert sich liebevoll und fürsorglich um die Kinder, führt den Haushalt und kümmert sich gemeinsam mit dem Vater und den Kindern um die Freizeit. Der Vater sichert die ökonomische Basis der Familie und vertritt gegenüber den Kindern die Werte von Beruf und Gesellschaft (vgl. Bertram, in: Bertram/Ehlert, 2011, S. 11).

Die Familie hat eine Entwicklung von der vorindustriellen Großfamilie oder der großen Haushaltsfamilie hin zur Kleinfamilie durchlaufen, die ihrerseits zum Normalprinzip der Moderne geworden ist. Frauen und Kinder haben seit Ende des zwanzigsten und Beginn des einundzwanzigsten Jahrhunderts ein bis dato nicht gekanntes Maß an rechtlicher Selbstständigkeit erhalten. Im Mittelpunkt der langfristigen Entwicklungstendenz, die sich nicht nur im Deutschen Reich abzeichnete, sondern die sich auch in der Bundesrepublik Deutschland und in den meisten Ländern, in denen die Mehrheit der Bevölkerung sich durch Lohnarbeit reproduziert, darstellt, steht die langwierige, qualvolle und widersprüchliche Überwindung des traditionell-patriarchalischen Gewaltverhältnisses. Diesem waren nicht nur die

Ehefrau, sondern auch die Kinder unterworfen. Zu beachten ist, dass diese Entwicklung weder vollständig abgeschlossen noch politisch eindeutig gesichert ist, da psychische Barrieren, materielle Besitzstände von Männern und Frauen sowie gesellschaftlich-politische Alternativlosigkeit immer wieder Verzögerungen und Rückgriffe auf die Sicherheit der traditionellen Familienform verursachen (vgl. Barabas/Erler, 2002, S. 21f.). Das Modell der „traditionellen" Familie fand seinen Höhepunkt nach dem Zweiten Weltkrieg. Speziell die Wahrnehmung der Kindergeneration, die nach dem zweiten Weltkrieg aufgewachsen ist, wurde tief vom Bild von der Fürsorglichkeit der Mutter, die für die Sorgen und Nöte ihrer Kinder ein Ohr hatte und immer zur Verfügung stand, und vom Vater, der überwiegend beruflich engagiert und tagsüber fast nie anwesend war und sich nur abends und am Wochenende um die Kinder kümmern konnte, geprägt. Diese Vorstellung von Familie und Familienleben war eine Errungenschaft der sich entwickelnden Industriegesellschaft mit ihrer zunehmenden Trennung von ökonomischer Erwerbsarbeit und den Tätigkeiten im Haushalt (vgl. Bertram, in: Bertram/Ehlert, 2011, S. 11). Heutzutage erscheint dieses Familienbild als traditionell, weil es seltener gelebt wird als in der Vergangenheit. Demnach meint traditionell nicht ein historisch sehr altes Modell. Eine Vielfalt von Lebensformen und unterschiedliche Beziehungsmuster haben sich entwickelt, auch wenn die große Mehrzahl der Kinder im Kindergarten- und Schulalter bei ihren leiblichen Eltern lebt (vgl. Bertram, in: Bertram/Ehlert, 2011, S. 13ff.). In der Bundesrepublik Deutschland ist das Leben vielfältig, da Frauen, Männer, Kinder, Singles, gemischt- oder gleichgeschlechtliche Paare und Familien leben. Ehepaare mit und ohne Kinder, Lebensgemeinschaften gleichen oder verschiedenen Geschlechts mit und ohne Kinder sowie Alleinerziehende und Alleinstehende gehören zu den Lebensformen als umfassendem Begriff (vgl. Becker, in: Becker/Kortendiek, 2004, S. 402f.).

Heute gelten die Berufserwartungen gleichermaßen für alle Frauen und Mütter sowie selbstverständlich für die Väter, die neuerdings die verschiedenen Lebensbereiche mit einander verbinden wollen. Damit muss es notwendigerweise zu einer Veränderung der Geschlechterrollen innerhalb der Familie kommen. Solange sich insbesondere die Rolle der Männer zentral von ihrer gesellschaftlichen Teilhabe an der Berufsrolle ableitet und die Rolle der Väter im Wesentlichen den Ernährer darstellt, wird die Rolle des Vaters in der modernen Gesellschaft zunehmend marginalisiert (vgl. Bertram, in: Bertram/Ehlert, 2011, S. 13ff.).

3.2.1 Die Auswirkungen der Emanzipation der Frau auf die Familie bzw. den Mann

Der Begriff Emanzipation stammt aus dem römischen Recht und kann mit „aus der Hand herausgewachsen" übersetzt werden. Die Grundidee ist weiterhin die Freilassung in dem Sinne, dass eine bestimmte Gruppe innerhalb einer Rechtsgemeinschaft die Grundrechte aller Mitglieder dieser Rechtsgemeinschaft erhält und gleichberechtigt wird. Der Begriff meint die Befreiung unterdrückter, unterprivilegierter und unselbstständiger Individuen und Gruppen (vgl. Oelschlägel, in: Kreft/ Mielenz, 2008, S. 234). Ein stärkeres wissenschaftliches Interesse an der Familie wurde erst durch die Protestbewegung im Rahmen der Studentenbewegung und der Entstehung der neuen Frauenbewegung Anfang und Mitte der 1970er Jahre geweckt. Durch diese Frauenbewegung und die anschließende Emanzipation der Frau wurde auch die traditionelle Rollenverteilung von Mann und Frau und das Patriarch massiv in Frage gestellt (vgl. Lenz, in: Becker/Kortendiek, 2004, S. 666). Die Familie sollte kritisch hinterfragt werden und die Diskrepanzen zwischen Ansprüchen und Erwartungen an Ehe und Familie und der sozialen Realität aufgedeckt werden. Vielfach bestand ihr erkenntnisleitendes Interesse weniger in einer dezidierten Analyse der Gegenwartsfamilie als in dem Nachweis für die Abschaffung und in der Förderung der Kernfamilie. Vielfach wurde sie als Fassadenfamilie beschrieben, sie galt als überholt und künstlich aufrechterhalten, weil sie nur nach außen hin als intakt erschien. Außerdem wurde sie als „Ort aller Entfremdung" bezeichnet. Neue Formen des nicht-familialen Zusammenlebens sowohl für das Individuum als auch für die Gesellschaft galten daher als erstrebenswert (vgl. Nave-Herz, 2006, S. 18f.). Auch Männer waren in der neuen Frauenbewegung aktiv, sodass Frauen nicht von vornherein als homogene Trägerinnen der Bewegung gesehen werden. Der Geschlechtsdualismus der Moderne schreibt die Frauenbewegung fort (vgl. Lenz, in: Becker/Kortendiek, 2004, S. 666). Durch die Emanzipation der Frau hat die Familie die einschneidensten Veränderungen erfahren. Die seit der Industrialisierung begonnene Zentrierung der privaten Lebensorganisationen und die Erwerbstätigkeit setzten sich fort und rissen endgültig die Geschlechterschranken nieder. Den vollerwerbstätigen Ehemann hat die versicherungspflichtige Erwerbsarbeit zum Teilzeitvater gemacht und der seither auch erwerbstätigen Frau die Doppelbelastung von Haushalt und Erwerbsarbeit beschert. Nun findet auch endgültig ein Prozess der Entfamilialisierung der Frauen statt, bei dem die versicherungspflichtige Erwerbsarbeit der Frauen und Mütter im Mittelpunkt steht. Auf Dauer sind Ehe- und Hausfrauendasein keine Alternativen mehr zur Erwerbstätigkeit. Sie wird zunehmend zu einem begrenzten Lebensabschnitt. Um die Erklärung des Wandels familialer Lebensformen zu beschreiben, kann die Veränderung in den weiblichen

Lebenszusammenhängen herangezogen werden. Dazu zählen die Verbesserung der Bildungschancen und die durchaus lebenslange Planung der Berufstätigkeit sowie die Reform des Familienrechts. Mit den Wandlungen weiblicher Lebenszusammenhänge geht die Differenzierung des sozialen Rollenhaushalts und der Rollenoptionen einher. Die Entwicklung des weiblichen Lebenszusammenhangs in Richtung „eigenes Leben" bedeutet auch Veränderungen für den Mann, da hinsichtlich des geschlechtsspezifischen Rollenhaushalts eine Diversifizierung der Rollen- und Funktionsverteilung im familiären Binnenraum einhergeht (vgl. Barabas/Erler, 2002, S. 66ff.).

3.2.2 Familien in der Krise

Früher waren hohe Kinderzahlen Motive, um im Alter mit Hilfe der Kinder in der Familienwirtschaft abgesichert zu sein. Durch die gesellschaftlichen und staatlichen Einrichtungen verminderte sich die ökonomische Bedeutung der Kinder für die Eltern, sodass sich ein kontinuierlicher Rückgang der Familienbetriebe abzeichnete. Einen Beleg hierfür liefern z. B. hohe Kinderzahlen in Bauernfamilien. Als Ideal dominiert jedoch heute die Zweikindfamilie bzw. die moderne Kleinfamilie (vgl. Geißler, 2006, S. 48).

Die bereits angesprochene Emanzipation der Frau kollidiert mit dem Kinderwunsch, weil das traditionelle Verständnis von Karriere und Familie die Mütter ans Haus bindet. Es entsteht ein Widerspruch zwischen dem Wunsch nach Berufstätigkeit und Kind. Dieser Widerspruch verschärft sich bei Frauen mit höherem Bildungsniveau, sodass diese Frauen zunehmend häufiger auf Kinder verzichten (vgl. Zerrahn, 2002, S. 19). *„Je besser qualifiziert die Frauen, desto weniger Kinder"* (Geißler, 2006, S. 48). Des Weiteren hat das traditionelle Modell den Lebenslauf der Frau geprägt und in ihm zufällig bzw. ungeplant eine Familien- und Haushaltsphase integriert. Das männliche Schema des Lebenslaufs blieb unberührt (Erziehungsphase, Arbeitsphase und Rentenphase). Aus diesen aufgetragenen Verantwortungen ergaben sich negative Konsequenzen für die Frau und ihrem Wunsch nach beruflicher Karriere. Nicht nur berufliche Nachteile ergaben sich in der heutigen Gesellschaft durch die Existenz eines Kindes. Oftmals werden die berufsbiographischen Lebensläufe der Frauen mit Kindern als ein Abstieg von einer gut qualifizierten Person zu einer Aushilfsperson interpretiert. Eine Mutterschaft bedeutet daher oft den Verzicht auf das Ausschöpfen aller beruflichen Optionen (vgl. Bertram, in: Berger/Kahlert, 2006, S. 224ff.). Fehlende Kinderbetreuungsplätze geben vielen jungen Eltern zu dem keine Möglichkeit, ihre Kinder in Kindergärten, Kinderkrippen oder Nachmittagseinrichtungen betreuen zu lassen. Des Weiteren haben viele Eltern wenig Vertrauen in die Qualität der bestehenden Einrichtungen (vgl. Brinck, 2007, S.74ff.).

Ein zentraler Faktor für den Rückgang der Mehr-Kind-Familie ist der Wunsch nach hohem Lebensstandard und persönlicher Ungebundenheit. Zum einen bedeuten Kinder einen erheblichen Kostenaufwand und zum anderen einen Erziehungsaufwand. Diese Aspekte tragen zur sozioökonomischen Benachteiligung bei und schränken die Bewegungsfreiheit der Eltern (insbesondere die der Mütter) räumlich und zeitlich ein. Die gestiegenen materiellen und individualistischen Ansprüche (hoher Lebensstandard und persönliche Ungebundenheit) passen nicht zu den Prinzipien und der Verantwortung einer Familie. Außerdem sind die gesellschaftlichen Strukturen vorwiegend auf die Bedürfnisse der Erwachsenen und nicht auf die spezifischen Bedürfnisse von Kindern zugeschnitten. Verschärft wird diese strukturelle Rücksichtslosigkeit durch das Fehlen von einer gesellschaftlichen Anerkennung und materiellen Unterstützung für die familiären Leistungen. Zum Teil verschaffen die strukturellen Gegebenheiten den auf die Elternverantwortung verzichtenden Menschen Konkurrenzvorteile (vgl. Geißler, 2006, S. 48).

Zu den bereits erläuterten Aspekten, die Ursachen für einen Geburtenrückgang und den damit verbundenen Wandel (Rückgang der Familien) sind, müssen weitere Ursachenkomplexe beachtet werden. Aus der Individualisierung und Pluralisierung ergibt sich eine Scheu vor langfristigen Festlegungen. Paare möchten flexibel und ungebunden sein und entscheiden sich für die Kinderlosigkeit. Die Paarbeziehungen verengen sich, wobei Kinder als Last oder Störfaktoren erlebt werden. Die angesprochene Kinderlosigkeit gewinnt zudem an gesellschaftlicher Akzeptanz und tritt in legitime Konkurrenz zur Normalfamilie. Parallel zu den Entwicklungen haben sich die Anforderungen und die Ansprüche an die Eltern durch die „Emanzipation des Kindes" erheblich erhöht. Geprägt ist die Pädagogik von Erziehungsunsicherheiten und psychischen Belastungen. Familienplanung wird daher als Ergebnis reiflicher Überlegungen erwartet. Dennoch sind Irrationalitäten (Stichwort: Schwangerschaftsabbruch) weiterhin im Spiel. Ein weiterer Aspekt sind ungünstige Wirtschaftslagen und die Arbeitslosigkeit beim Verzicht auf Kinder (vgl. Geißler, 2006, S. 49).

Die oben genannten Aspekte erörtern und belegen, dass Familien bzw. *„der Lebensentwurf Familie in der Krise steckt"* (Pütz/Riegert, 2002, S. 8).

3.2.3 Entstehung und Destabilisierung der modernen Kleinfamilie sowie Pluralisierung der Lebensformen

Die angesprochene und erläuterte Krise der Familien, von der man auch in der Bundesrepublik Deutschland hört, unterstellt, dass ein allgemein verbindliches Grundmuster familialen Zusammenlebens sich aufzulösen beginnt. Außerdem sind die gegenwärtigen Veränderungen historisch einmalig. In Deutschland war eine Familienform noch nie so dominant wie Mitte der 1950er bis Mitte der 1960er Jahre. Eine kulturelle Selbstverständlichkeit war das damalige moderne Ehe- und Familienmuster, die so genannte moderne Kleinfamilie. Von der überwältigenden Mehrheit der Bevölkerung wurde sie unhinterfragt gelebt. Sie sah die selbständige Haushaltsgemeinschaft eines verheirateten Paares mit seinen unmündigen Kindern vor (vgl. Peuckert, 2008, S. 16).

Die Handlungsspielräume und Freiheiten in nahezu allen Lebensbereichen wurden durch die Enttraditionalisierung überkommener Leitbilder der Lebensgestaltung, die mit dem Modernisierungsprozess einherging, erweitert. Des Weiteren hat sie auch bezüglich Partnerschaft, Ehe und Familie Veränderungen gebracht und die familialen Strukturen verändert. Prozesse des Wandels finden sich in Veränderungen der Rollenstruktur, Veränderungen der Gattenbeziehungen und Veränderungen der Eltern-Kind-Beziehungen wieder. Detailliert bedeutet das: Zunahme der Zwei- und Einpersonenhaushalte über Geburteneinschränkungen, Änderungen im Familienzyklus, Neuorientierungen in Partnerbeziehungen, Zunahme von Scheidungen, Neuverteilung der Arbeit, Scholarisierung mit ihren Auswirkungen auf das Familienleben, neues Rollenverständnis etc. (vgl. Hamann, 2000, S. 12). Die Destabilisierung der Normalfamilie ist einerseits an der Entwicklung der demographischen Makroindikatoren und andererseits an einer Pluralisierung der Lebensformen ablesbar. Außerdem kann man die Erschütterung der modernen Kleinfamilie auch auf der Ebene der normativen Leitbilder beobachten. Dieses zeigt sich auch in einer zunehmenden Unverbindlichkeit und an stärker werdenden Zweifeln an der Möglichkeit, das Leitbild einer lebenslangen, monogamen Ehe zu realisieren (vgl. Peuckert, 2008, S. 21). Angesichts dessen suchten die aufbruchsbereiten Kulturrevolutionäre ihres Erachtens „lebbare" alternative Familienformen. Obwohl heutzutage die Liebes- und Lebensformen von den autoritären Zwängen, Normierungen und Versagungen weitgehend befreit sind, hat sich zum großen Teil die verlaufende Wirklichkeit unspektakulär entwickelt, weil sich die gesellschaftliche Wirklichkeit nicht einfach und umstandslos durch eine andere ersetzen lässt. Die Familienentwicklung ab den 1970er Jahren bestätigt aber, dass die bürgerliche Kleinfamilie seither einen radikalen Gestaltwandel erlebt hat und noch immer erlebt. Die Veränderungen waren eher weniger spektakulär, weniger revolutionär und damit auch weniger neue, selbst bestimmte Formen des Zusammenlebens. Die Möglichkeiten der Geburtenregelung, die Novellierung des Scheidungs- und Steuerrechts oder die gewaltige Bildungsexpansion, von der vor allem Frauen profitiert haben, waren die ersten Entwicklungen, die aus dem Rückzug der leiblichen Kernfamilie verliefen. Zunehmende Pluralisierung und Diversifizierung prägen seither das familiäre Bild. Außerdem entstehen immer noch neue Familienformen aus der leiblichen Kernfamilie (vgl. Grundmann/Hoffmeister, in: Burkart, 2009, S. 158f.).

Interessanterweise gibt die überwiegende Mehrheit in der Bundesrepublik Deutschland auf die Frage, ob man eine Familie braucht, um glücklich zu sein, oder ob man alleine genauso glücklich leben kann, an, dass Familie Voraussetzung ist, um glücklich zu sein (vgl. Habich/Noll, in: Statistisches Bundesamt, 2005, S. 541).

Die Alternativen zur bürgerlichen Kernfamilie orientieren sich mehrheitlich an traditionellen Familienleitbildern. Trotz auch oft enttäuschender Erfahrungen, die in und mit ihnen fixiert bleiben, strebt ein Großteil von ihnen gegen diese, offenbar immer wieder und mit aller Macht in die „klassische" Kleinfamilie zurück (vgl. Grundmann/Hoffmeister, in: Burkart, 2009, S. 160).

3.2.4 Ehe als dyadische Lebensform

Eine durch Sitte und/oder Gesetz anerkannte auf Dauer angelegte Form gegengeschlechtlicher sexueller Partnerschaft bezeichnet man als Ehe. Über das Paarverhältnis hinaus weist sie auf die Familie. Dieses ist ebenfalls ein wesentliches Strukturmoment aller Ehen, auch der heutigen. Neuartige Erscheinungen sind die für die heutige Ehe in fast allen Industriegesellschaften konstitutiven Merkmale der Emotionalität und Intimität sowie das der relativen Autonomie gegenüber der Herkunftsfamilie. Sie gelten aber für die Ehen aller Kulturen (vgl. Nave-Herz, 2006, S. 24). Die Ehe ist eine unter anderen dyadischen Lebensformen. Zu den dyadischen Lebensformen zählen des Weiteren auch nichteheliche Lebensgemeinschaften (ohne Kinder) und homosexuelle Partnerschaften (ohne Kinder). Anstatt „dyadische Lebensform" wird auch die Bezeichnung „Partnerschaftsform" verwendet. Die folgende Abbildung stellt die Lebensformen dar (vgl. Nave-Herz, 2006, S. 28).

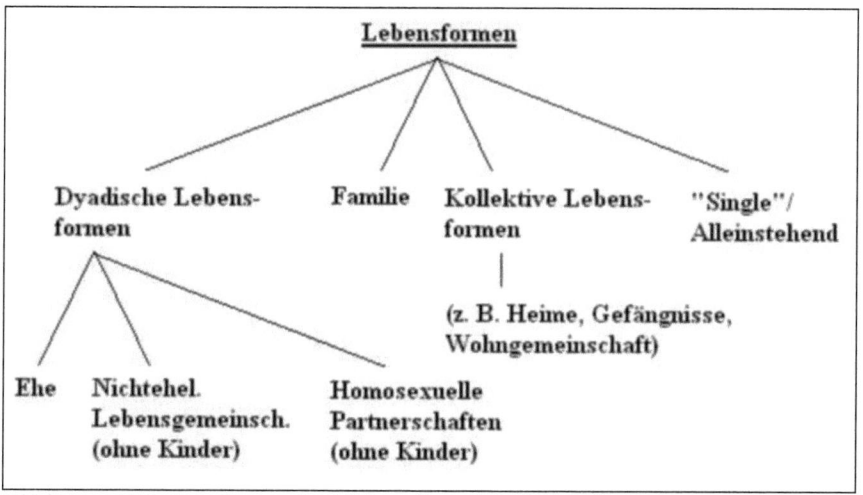

Abbildung 2: *Lebensformen* (vgl. Nave-Herz, 2006, S. 29)

Der Prozess der Familienbildung begann traditionellerweise mit der Eheschließung und endete mit der Geburt des letzten Kindes. Für die Bundesrepublik Deutschland lässt sich festhalten, dass es weniger Eheschließungen gibt, sich das durchschnittliche Erstheiratsalter erhöht hat und weniger Kinder in den Ehen geboren werden. Außerdem ist, ähnlich wie in den anderen westeuropäischen Ländern, eine rückläufige Heiratsneigung zu verzeichnen. Ein deutlicher Rückgang der Heiratshäufigkeit in jüngeren Jahren wird ersichtlich, wenn man die Heiratsziffern nach Geburtsjahrgängen trennt. Mit diesem Trend und dem gestiegenen Erstheiratsalter kann eine generelle Tendenz zum zeitlichen Aufschub der Eheschließung belegt werden. Die aktuellen Entwicklungen dürfen allerdings nicht überinterpretiert und kohortenspezifische Effekte nicht unberücksichtigt gelassen werden, weil beispielsweise im 18. und zu Beginn des 19. Jahrhunderts die Heiratshäufigkeit genauso niedrig und das Heiratsalter ebenso so verhältnismäßig hoch waren wie heute. Für ein Unverheiratetbleiben bzw. eine spätere Heirat bestanden damals jedoch andere Gründe. Diese waren in fehlenden ökonomischen und rechtlichen Voraussetzungen begründet (vgl. Quaiser-Pohl/Nickel, in: Nickel/Quasier-Pohl, 2001, S. 39). Des Weiteren ist die heutige Zunahme der Ehescheidungen nicht die Folge eines gestiegenen Bedeutungsverlustes oder einer Empfindung von Sinnlosigkeit, sondern die Folge ihrer hohen psychischen Bedeutung und Wichtigkeit für die Beziehungspartner sowie deren gesunkener Bereitschaft, nicht erfüllte Erwartungen zu tolerieren (vgl. Barabas/Erler, 2002, S. 103f.). Der Einfluss sozialer Normen und gesellschaftlicher

Strukturen ist trotz der größeren Offenheit des Lebenslaufs und der Lebensformen für individuelle Planung und Gestaltung nicht verschwunden. Im Zuge erhöhter Mobilitätserfordernisse haben sie sich teilweise sogar intensiviert. Jedoch ist gegenwärtig mehr individuelle Handlungsfreiheit und weniger gesellschaftliche Prägung und Kontrolle als in der Vergangenheit vorhanden. Mit den neu gewonnenen Wahlmöglichkeiten, die hochgradig ambivalent sind, ist einerseits der Zwang verbunden, zwischen wenig attraktiven Handlungsalternativen wählen zu müssen. Ein Beispiel der Alternativen Karriere und kinderlose Fernbeziehung oder Familie und ökonomische Abhängigkeit vom Partner verdeutlicht dieses. Andererseits bergen die im Zuge gesellschaftlicher Modernisierung erlangten individuellen Gestaltungsspielräume auch Chancen. Insbesondere können die privaten Lebensformen besser und flexibler an individuelle Lebensumstände und Präferenzen angepasst werden, sodass man den starren normativen Vorgaben entrinnt (vgl. Schneider, in: Bertram/Ehlert, 2011, S. 252). Die starren Vorgaben trennten vollständig den produktiven und reproduktiven Sektor voneinander. Damit basierte diese Trennung auf der geschlechtsspezifischen Arbeitsteilung zwischen den Ehepartnern. Der Ehemann war als Haushaltsvorstand verpflichtet, für die ökonomische Basis der Familie zu sorgen. Die Ehefrau war hingegen für den gesamten reproduktiven und regenerativen Bereich der Familie zuständig. Nicht nur auf der starren innerfamiliären Arbeitsteilung zwischen Mann und Frau, sondern auch auf der räumlichen Trennung von Wohnbereich und Arbeitsbereich, gründete die rigorose Trennung zwischen produktiven und reproduktiven Bereich. Die Pflege und Erziehung der Kinder war damit auch alleinige Aufgabe der Mutter und in die Berufswelt gehörte der Mann (vgl. Bertram, 1997, S. 46f.). Mit der Entstehung der Kernfamilie und deren emotionaler Bedeutung kamen der Frau diese expressiven, der Betreuung und Aufzucht von Kindern dienenden und dem Mann diese funktionalen, für den Familienunterhalt notwendigen Aufgaben zu. In den letzten Jahrzehnten hat sich vor allem in den sozioökonomischen höheren Schichten diese traditionelle Rollenauffassung im Sinne einer zunehmenden „Egalisierung" gewaltig gewandelt. Auf diesen Wandel wird im nächsten Abschnitt näher eingegangen (vgl. Quaiser-Pohl/Nickel, in: Nickel/Quasier-Pohl, 2001, S. 44).

3.2.5 Traditionelle und egalitäre Rollenauffassungen von Eltern

Allgemein versteht man unter sozialer Rolle ein Bündel bzw. die Summe von Erwartungen und Ansprüchen einer Gruppe oder der Gesellschaft. Diese richten sich an das Rollenverhalten und die Erscheinung (Rollenattribute) eines Inhabers einer sozialen Position in einem Handlungssystem (z. B. Mutter oder Vater). Sie ist Bestandteil der sozialen Realität, unabhängig von der Person und in den tatsächlichen Verhalten denkbar und existent. Zu berücksichtigen ist, dass Rollen in Interaktions- und Sozialisationsprozessen erst zugewiesen, erlernt und übernommen werden. Rollengemäß verhalten sich Menschen, da ihr Handeln gesellschaftlichsozialen Lernprozessen unterworfen ist. Des Weiteren orientiert sich das Handeln an Normen. Aus den genannten Aspekten resultiert, dass Rollen ein Ergebnis von Typisierungs- und Interaktionsprozessen sowie kulturabhängig (z. B. die Geschlechtsrollen) sind. Sie sind ein reales, aber zugleich auch veränderbares Phänomen zur Regulierung menschlichen Zusammenlebens (z. B. in Familien) (vgl. Griese, in: Kreft/Mielenz, 2008, S. 709). Daher gilt für die sozialen Rollen, dass sie aus der sozialen Normierung und sozialen Differenzierung ableitbar sind. Um genauer zu sein, geht es um eine bestimmte Verknüpfung beider Begriffe. Jede Gesellschaft erfährt durch die sozialen Rollen „Vater" und „Mutter", einem zunächst biologischen Tatbestand, eine soziale Differenzierung. Diese ist normativ abgesichert und die biologischen Unterschiede werden zur Rollendifferenzierung und zur Legitimation von geschlechtsspezifischen Unterschieden verwendet. Zu beachten ist, dass sie zwischen den einzelnen Kulturen sehr unterschiedlich definiert werden (vgl. Nave-Herz, 2006, S. 182).

Das Geschlechterverhältnis hat bereits in der Historie tief greifende Veränderungen erfahren. Durch die Industrialisierung und mit dem Aufkommen der bürgerlichen Gesellschaft zeichnete sich dieses in der räumlichen Trennung von Arbeitswelt und Wohn- bzw. Familienbereich ab. Daraufhin entwickelte sich eine eindeutige Aufgabenteilung zwischen den Geschlechtern. Es dominierte eine Geschlechterrollenaufteilung zwischen Familienfrau und Berufsmann. Wie bereits angedeutet, hat sich diese traditionelle Rollenauffassung im Sinne einer Egalisierung verändert. Die Egalisierung bezieht sich auf die Auffassung, dass sich beide Partner die Aufgaben sowohl im Haushalt als auch im Beruf gleichberechtigt aufteilen sollten. Das kontinuierliche Ansteigen der Zahl erwerbstätiger Frauen ist ein bedeutender Faktor im Zusammenhang mit der Auflösung der traditionellen Geschlechterrollen (vgl. Quaiser-Pohl/Nickel, in: Nickel/Quasier-Pohl, 2001, S. 44).

An verschiedenen Befunden zeigt sich weiterhin eine starke Traditionalisierung infolge des Übergangs zur Elternschaft, die während der Familienentwicklung graduell und langsam abnimmt. Daher kann momentan zwar keinesfalls direkt von einer Egalisierung der Aufgabenteilung die Rede sein, aber dennoch werden Frauen vermehrt erwerbstätig. Mit der Zeit übernehmen Männer mehr Aufgaben im Haushalt und im Bereich der Kinderbetreuung (vgl. Reichle/Zahn, in: Endepohls-Ulpe/ Jesse, 2006, S. 99). Dieser Wandel scheint sich indes in der Realität nur sehr langsam zu vollziehen. Die Bundesdeutschen erweisen sich im Vergleich zu den anderen europäischen Ländern als diejenigen mit der traditionellsten Rolleneinstellung. Das tatsächliche Rollenverhalten scheint sich bislang wenig verändert zu haben, weil die Verantwortlichkeit und der Hauptanteil der Familien- und Hausarbeit noch immer bei den Frauen liegen. Dieses wird in der später folgenden empirischen Untersuchung intensiver analysiert. Die Emanzipation der Frau ermöglicht es ihr (der Frau), sich zu bilden und qualifizierte Berufe auszuüben. Allerdings stellt die Notwendigkeit, Berufs- und Familienorientierung zu verbinden, für viele Frauen einen anscheinend unlösbaren Konflikt dar. Gleichzeitig ist zu beachten, dass Beruf und Familie gleichwertige Ziele im Leben von Frauen geworden sind. Durch bestehende gesellschaftliche Gegebenheiten sind sie aber nur schwer miteinander vereinbar (vgl. Quaiser-Pohl/Nickel, in: Nickel/Quasier-Pohl, 2001, S. 45).

3.3 Der neue Mann als Bewältigungsstrategie

Die offensichtlichen Unterschiede zwischen Männern und Frauen werden in den aktuellen gesellschaftlichen Diskussionen und in der aktuellen wissenschaftlichen Forschung zunehmend geleugnet. Man konnte in den letzten Jahren beobachten, dass sich die Geschlechter immer ähnlicher werden und der Begriff „Unisex die Runde macht". Einerseits argumentiert die Wissenschaft bzw. die Neuropsychologie, dass zwischen männlichem und weiblichem Gehirn keine wirklich markanten Unterschiede vorhanden sind. Andererseits beziehen sich Vertreter der Polarität der Geschlechter auf die männlichen und weiblichen Rollen. Bei der Entstehung typischer männlicher und weiblicher Identität sind die Rollenmuster ein wesentlicher Aspekt (vgl. Leimbach, 2011, S. 38). Das Rollenverständnis vor allem im Zusammenhang mit Kindern hat sich bei den Männern verändert. Das belegt die Diskussion um den neuen Mann. Es ist heute keinesfalls ungewöhnlich, dass beispielsweise Männer (Väter oder Großväter) den Kinderwagen schieben. Zum einen wird dieses neue Rollenverständnis von der Gesellschaft immer weiter akzeptiert und zum anderen von vielen Paaren zumindest auf der Ebene von Einstellungen realisiert. Neuerdings wird dieses sogar von den Medien, d. h. von der Werbung, aufgegriffen, indem gezeigt wird, wie auch Väter nachts aufstehen, um ihre Säuglinge zu wickeln. Des Weiteren wird von den meisten Paaren während der Schwangerschaft und kurz nach der Geburt eine partnerschaftliche Rollenverteilung angestrebt. Faktisch beteiligen sich Männer vermehrt an der Betreuung von Kindern. U. a. führt dies dazu, dass die Aufgaben der weiblichen Verwandtschaftslinie, also die Rolle der eigenen Mutter und anderer weiblicher Verwandter, weitgehend vom Partner übernommen werden. So werden die anfallenden Pflichten, die ursprünglich der Frau aufgetragen waren, vom neuen Mann bewältigt. Das Engagement sollte über die spielorientierte Beschäftigung mit dem Kind hinausgehen. An der Stelle sei anzumerken, dass dort häufig der Vater für das Kind im Vergleich zur Mutter sogar der beliebtere Interaktionspartner ist. Insbesondere wenn die Frau berufstätig ist, sollten sich Männer an den eigentlichen Pflegetätigkeiten (Wickeln, Baden, Füttern etc.) beteiligen (vgl. Quaiser-Pohl/Nickel, in: Nickel/Quasier-Pohl, 2001, S. 46).

Es herrscht eine Aufgeschlossenheit der Männer, die an dem Willen deutlich wird, Betreuungs- und Erziehungsaufgaben wahrzunehmen und am Leben der Kinder teilzunehmen. Sie spüren heutzutage immer mehr, dass ihnen wichtige Erfahrungen entgehen, wenn sie Beruf und Familie nicht in Einklang bringen (vgl. Notz, 2003, S. 28). Gleichzeitig wird dieses neue Rollenverständnis, in dem die Beteiligung an der Hausarbeit und die Erziehung/Pflege der Kinder verknüpft und wichtige Bausteine sind, von den Männern immer häufiger erwartet. Der neue Mann geht „Hand in Hand" mit der Frau durchs Leben. Dieses Bild verdeutlicht die Implementierung von Gleichberechtigung sowie Gleichgewichtung bei der Rollen- bzw. Aufgabenverteilung (vgl. Engster, 2006, S. 4f.).

Aufgrund der veränderten gesellschaftlichen Verhältnisse befindet sich der Mann in einem Spannungsfeld von Veränderung, Auflösung und Verharrung. Männer dürfen nicht mehr in den alten, von der sozialen Realität weitgehend entkoppelten Leitbildern zurück bleiben. Für den einzelnen Mann ist die neue Männlichkeit nur dann lebbar, wenn er die Möglichkeit hat, sich neue Deutungsmuster anzueignen. Gesellschaftlich müssen sich daher die neuen Leitbilder des Mannes durchsetzen (vgl. Gärtner/Riesenfeld, in: Boekle/Ruf, 2004, S. 99).

Unabhängig davon, welche Ausprägung Männlichkeit hat, ist sie auch immer eine kulturelle Konstruktion. Man kann sie nicht einfach im Erbe der Tradition vorfinden, sondern sie wird angeeignet und im Wechselspiel des „doing" Gender in der praktischen Reproduktion, ohne die man persönliche Identität nicht denken könnte, korrigiert. Männlichkeit kann als anspornendes Leitbild, dem Männer auf Gebot ihrer Kultur nacheifern müssen, wenn sie dazugehören wollen, definiert werden. Da keine allgemein verbindlichen Übergangsrituale dem Einzelnen den Weg zum richtigen, in diesem Fall zum neuen Mann, vorzeichnen, ist in unserer Gesellschaft dieses Gebot nur schwer zu befolgen. Dieses kann in Bezug auf die Entwicklung des neuen Mannes durchaus als positiv gewertet werden, weil die Moderne die Männer zunehmend aus den kulturellen und gesellschaftlichen Selbstverständlichkeiten ihrer Herkunftsfamilie entlässt. So können sich die Männer in einer Umwelt, in der unter anderem mehrere Männerbilder konkurrieren, individuell als Subjekte bewähren. Gleichzeitig steigert sich dadurch auch das Durchsetzungspotential des neuen Männerbildes gegenüber den anderen Männerbildern, wie beispielsweise dem „traditionellen" Mann (vgl. Maase, in: Kühne, 1996, 206f.). Beim Mann wird die Integration verschiedener Lebensbereiche zum Bestandteil eines neuen Selbstbewusstseins. Bereiche und Tätigkeiten, die traditionell weiblich kodiert sind, werden nun selbstverständlich auch zur alltäglichen Lebenspraxis mancher Männer. Zwangsläufig geht aber keine Abkehr des männlichen Leistungsprinzips einher. Vielmehr werden die weiblich kodierten Tätigkeiten aufgewertet und die Abspaltung des reproduktiven Bereichs gebrochen. Das führt wiederum dazu, dass sich die Gleichstellungschancen erhöhen und die geschlechtlichen Zuschreibungen hinterfragbar werden. Männer erleben mit dem Brechen der Erwerbsfixierung ein neues Verhältnis zu ihrem Umfeld und ein hohes sowie neues Maß an Lebenszufriedenheit. Um den Veränderungen der Familien inklusive des Wandels der Mutter- und Vaterrolle zu begegnen, kann sich der neue Mann in Zukunft aus den angesprochenen Aspekten durchaus als optimale Bewältigungsstrategie erweisen (vgl. Gärtner/Riesenfeld, in: Boekle/Ruf, 2004, S. 97f.).

3.4 Zusammenfassung

Für die Menschen hat die Familie eine wichtige Bedeutung und spielt eine wichtige Rolle in ihrem Leben sowie bei ihrer Sozialisation. Sie hat sich im Laufe der Zeit verändert bzw. in Hinsicht auf die gesellschaftlichen Veränderungen entwickelt. Durch den gesellschaftlichen Wandel entstanden zahlreiche unterschiedliche Familienformen und dennoch blieb die wesentliche Wirkung der Familie als personenprägende und gesellschaftsbildende Institution erhalten. Das heutige „normale" Familienleben wird noch immer vom historischen bürgerlichen Familienmodell bestimmt.

Die traditionelle Familie bezeichnet eine Familie, in der die Kinder gemeinsam mit ihren beiden Eltern im Haushalt leben. Die Rollenverteilungen sind in ihr klar getrennt. Auf der einen Seite sichert der Vater die ökonomische Basis der Familie und verfügt über die ganze Autorität. Auf der anderen Seite ist die Mutter, die sich um die Hausarbeit und die Erziehung der Kinder kümmert. Diese Lebensform fand ihren Höhepunkt in den 1950er und 1960er Jahren. Durch die Frauenbewegung der 1970er Jahre und der folgenden Emanzipation der Frau wurde diese traditionelle Rollenverteilung von Mann und Frau massiv in Frage gestellt. Durch diese Bewegung hat die Familie die einschneidensten Veränderungen erfahren. Für die Frauen ist seither eine volle Erwerbstätigkeit genauso wie für die Männer erstrebenswert, sodass gleichzeitig das Ehe- und Hausfrauendasein keine echten Alternativen zur

Erwerbstätigkeit mehr sind. Notwendigerweise muss es zu einer Veränderung der Geschlechterrollen innerhalb der Familien kommen, weil mit den Wandlungen weiblicher Lebenszusammenhänge nicht nur Veränderungen für die Frau einhergehen, sondern auch für den Mann.

Da zwischen dem Wunsch nach Berufstätigkeit und Kind durch die Emanzipation der Frau ein Widerspruch entsteht, der sich zugleich bei Frauen mit höherem Bildungsniveau verschärft, zeichnet sich beim Lebensentwurf Familie eine Krise ab.

Die Enttraditionalisierung überkommener Leitbilder der Lebensgestaltung, die mit dem Modernisierungsprozess einherging, erweiterte die Handlungsspielräume und Freiheiten in nahezu allen Lebensbereichen. Auch Partnerschaft, Ehe, Familie und die familialen Strukturen erlebten Veränderungen. Da sich die gesellschaftliche Wirklichkeit jedoch nicht einfach und umstandslos durch eine andere ersetzen lässt, hat sich zum großen Teil die verlaufende Wirklichkeit unspektakulär entwickelt. Nachweislich geben Menschen an, dass Familie Voraussetzung ist, um glücklich zu sein. Unter anderen ist dies ein Grund, dass sich die Alternativen zur bürgerlichen Kernfamilie mehrheitlich an traditionellen Familienleitbildern orientieren.

Traditionellerweise begann der Prozess der Familienbildung mit der Eheschließung und endete mit der Geburt des letzten Kindes. Infolge ihrer hohen psychischen Bedeutung und Wichtigkeit für die Beziehungspartner sowie deren gesunkener Bereitschaft, nicht erfüllte Erwartungen zu tolerieren, haben die Eheschließungen abgenommen und die Ehescheidungen zugenommen. Die im Zuge gesellschaftlicher Modernisierung erlangten individuellen Gestaltungsspielräume bergen aber auch Chancen. Die privaten Lebensformen können besser und flexibler an individuelle Lebensumstände und Präferenzen angepasst werden, sodass man den starren normativen Vorgaben entrinnt, die vollständig den produktiven und reproduktiven Sektor der Familie voneinander trennten.

Die traditionelle Rollenauffassung wandelt sich im Sinne einer zunehmenden Egalisierung, die sich auf die Auffassung bezieht, dass sich beide Partner die Aufgaben im Haushalt und Beruf gleichberechtigt aufteilen sollten. Im Zusammenhang mit der Auflösung der traditionellen Geschlechterrollen ist das kontinuierliche Ansteigen der Zahl erwerbstätiger Frauen ein bedeutender Faktor. Mit der Zeit übernehmen Männer mehr Aufgaben im Haushalt und im Bereich der Kinderbetreuung. In der Realität scheint sich dieser Wandel aber anscheinend nur sehr langsam zu vollziehen. Der neue Mann kann folglich als Bewältigungsstrategie (für die Zukunft) angesehen werden. Der Begriff „Unisex" stammt aus der Beobachtung der letzten Jahre, dass sich die Geschlechter immer ähnlicher werden. Der neue Mann übernimmt ebenfalls Aufgaben im Haushalt und in der Kindererziehung. Damit entlastet bzw. befreit er die Frau, die zwischen Beruf und Familie im Widerspruch steht. In Zukunft kann sich der neue Mann damit durchaus als optimale Bewältigungsstrategie erweisen, um den Veränderungen der Familie inklusive des Wandels der Mutter- und Vaterrolle zu begegnen.

4. Die moderne Vaterschaft

Es lassen sich einige wesentliche Aspekte aus der historischen Betrachtung der Rolle des Vaters in der Familie für die Gegenwart ableiten. Ein Aspekt ist dabei, dass die Rolle des Mannes sich nicht auf ein einziges Ziel oder in eine einzige Richtung bewegt hat. Aus diesem Grund gibt es eine Vielzahl von Variationen und nicht eine einzige charakteristische oder normative Rolle für den Mann von heute. Die Wurzeln der gegenwärtigen Krise männlicher Autorität in der Familie verdeutlichen sich aus historischer Perspektive. Das individuelle Einkommen ersetzt das ursprüngliche Familieneinkommen, sodass eine zentrale Komponente der männlichen Identität, die zugleich ein wichtiger Faktor bei der Definition der zeitlichen Verpflichtungen und Rollen des Mannes in der Familie ist, aufgegeben wurde (vgl. Fthenakis, in: LBS-Initiative Junge Familie, 1999, S. 27f.).

In den Medien wird das Bild des Vaters von heute in zwei Perspektiven vermittelt, die auf den ersten Blick gegensätzlich sind. Der neue androgyne Vater, der weitaus engagierter, fürsorglicher und emotional ansprechbarer ist als die väterliche Autoritätsperson früherer Zeiten, steht auf der einen Seite. Das verstörende Bild des verantwortungslosen Vaters, der seine Familie im Stich lässt oder Gewalt ausübt, findet sich auf der anderen Seite. Außerdem ist es paradox, dass die Bedeutung väterlichen Engagements in der Familie wie niemals zuvor betont wird und dass gleichzeitig die Zeit, die der Vater in seiner Familie verbringt, abnimmt. Konstant geblieben sind Autorität und Respekt, die ein Mann im häuslichen Kontext erhält. Sie sind unlösbar mit seinem ökonomischen und sozialen Status außerhalb der Familien verknüpft und müssen von ihm infolge komplexer wirtschaftlicher Veränderungen stärker als jemals vorher in der Geschichte selbst erarbeitet werden. Von der an sie gerichteten doppelten Aufgabenstellung in Beruf und Familie fühlen sich einige Väter überfordert, sodass damit auch der damit verbundene Rückzug mancher Väter erklärt werden kann (vgl. Walbiner, in: Bundesministerium für Familie, Senioren, Frauen und Jugend (BMFSFJ), 2006, S. 10).

Die neuen Männer bzw. die modernen Männer wollen sich nicht mehr auf das Arbeitsleben reduzieren lassen. Sie streben danach, mehr vom Leben zu haben als nur die Arbeit und sehen sich somit in der Familie nicht nur als Ernährer, sondern auch als verantwortliche Väter und aktive Partner (vgl. Waidhofer, in: Werneck/Beham/ Palz, 2006, S. 198).

Die Wiederentdeckung von Väterlichkeit hängt mit einem Wertewandel zusammen. Die Einstellung zu Arbeit und Freizeit hat sich geändert und zwar in der Hinsicht, dass neue Werte wie Kreativität, Lebensfreude, Partizipation, Vitalität, Fürsorge und Abenteuer an Bedeutung gewonnen haben. Gesellschaftliche Prozesse sind die Grundlagen dieses Wandels und werden gleichzeitig durch ihn forciert. Man kann sie so beschreiben, dass die lohnarbeitszentrierte Lebensführung verfällt. Verschiedene Ansprüche werden notwendigerweise ausgeglichen. Dieses setzt verschiedene Muster in Kraft, wie verschiedene Lebensbereiche in Beziehung gesetzt und bewertet werden. Es geht über den Begriff des Wertewandels hinaus, wobei Lust statt Leistung ein Prädikat dafür ist. Für die (post-)modernen Individuen ist es offenbar von großer Bedeutung Berufsleben, Freizeit und Familienleben nach eigenen Maßstäben und bezogen auf die anderen Familienmitglieder nach den gesellschaftlichen Möglichkeiten und Zwängen zu gestalten (vgl. Reckert, 1996, S. 82f.).

Der Ersatz des Familieneinkommens durch das individuelle Einkommen sowie die zunehmende Bedeutung der Mutter-Kind-Beziehung sind zwei Entwicklungstendenzen, die die Rolle des Vaters in der Familie darüber hinaus entscheidend geprägt haben. Die Veränderungen reduzierten zwar die Notwendigkeit des väterlichen Engagements in der Familie, aber gleichzeitig rückten sie dessen Freiwilligkeit und Selbstbestimmtheit in den Vordergrund. Zum einen fanden demnach ein struktureller Wandel und zum anderen ideologische Veränderungen in den Geschlechterrollen statt (vgl. Walbiner, in: BMFSFJ, 2006, S. 11).

4.1 Übergang des Mannes zum Vater

Für den Übergang des Mannes zum Vater muss die Persönlichkeit des Mannes und die Sozialisation zum Vater berücksichtigt werden. Der Vater selbst entwirft das subjektive Vaterschaftskonzept, indem er seine eigenen individuellen Merkmale, Einstellungen und Erfahrungen als Kind, Jugendlicher und Erwachsener einbaut. Die Sozialisation zum Vater vollzieht sich im Zusammenhang einer bestimmten sozialen Lage und eines Milieus. Diese sind wiederum in einer bestimmten Kultur verortet. Das Vaterschaftskonzept wird ganz erheblich von den individuellen Merkmalen und Einstellungen der Väter beeinflusst. Dazu zählen Persönlichkeitsmerkmale wie das Ausmaß an persönlicher Reife, Zufriedenheit, Selbstbewusstsein, Ängstlichkeit, emotionale Stabilität, Zärtlichkeit oder Frustrationstoleranz. Daneben wirken sich auch Lebenspläne auf das Denken und Handeln als Vater aus. Einen weiteren Stellenwert in Hinsicht auf das Vaterschaftskonzept haben außerdem die Auffassungen und Werthaltungen des Vaters über die Funktionen von Vater, Mutter und Kind sowie seine selbst zugeschriebene Rollenkompetenz (vgl. Matzner, 2004, S. 39).

Nur wenige junge Erwachsene schließen für ihr späteres Leben eigene Kinder aus. Nach wie vor strebt die große Mehrheit in ihrer Lebensplanung eine eigene Familie an. Dieses gilt gleichermaßen sowohl für junge Frauen als auch für junge Männer (vgl. Rost, in: Mühling/Rost, 2007, S. 80f.). Im Prozess der Familiengründung wurde der Frau vor dem Hintergrund weit verbreiteter traditioneller Rollenstrukturen und arbeitsteiliger Spezialisierung von Vätern und Müttern (male breadwinner, female housewife) die Rolle als Entscheidungsträgerin im Prozess der Familiengründung zugeschrieben. Die männliche Perspektive wurde erst seit Ende der 1980er Jahre in größeren repräsentativen Studien zum Kinderwunsch berücksichtigt. Wie bereits angedeutet wirken sich bei Männern und Frauen unterschiedliche Rahmenbedingungen selektiv auf den Kinderwunsch aus. Die Partnerschaft und die berufliche Situation, also die sozial-strukturellen Rahmenbedingungen, spielen gleichzeitig nicht nur eine wichtige Rolle für den Kinderwunsch bei Männern, sondern auch beim Übergang zur Vaterschaft. In der Regel findet der Übergang zur Vaterschaft dann statt, wenn die Ausbildung weitestgehend abgeschlossen, der Arbeitsmarkteinstieg vollzogen und die Paarbeziehung institutionalisiert ist. Die Bildungsabschlusszeiten haben sich ausgedehnt, sodass die berufliche Etablierung erst später stattfindet. In der Vergangenheit kam es u. a. aus diesem Grund zu einem Anstieg des durchschnittlichen Alters beim Übergang zur Vaterschaft (vgl. Rost, in: Mühling/Rost, 2007, S. 93f.).

Während des Übergangs zur Vaterschaft verändert sich bei den meisten (auch jungen) Männern das Identitätsgefühl in tief greifender Weise. Jedoch verläuft die Integration der Vaterrolle ins Selbstkonzept meistens nicht ohne Konflikte. Zu Beginn der Vaterschaft werden ihnen allmählich, teilweise sogar schmerzhaft, die Bedürfnisse anderer bewusst. Der überwiegende Teil der Väter fühlt sich verpflichtet, fürsorglich und empathisch zu reagieren, auch wenn die Ressourcen erschöpft sind. Die unterschiedlichen Anforderungen von Beruf und Familie werden schrittweise vereinbart und eine einheitliche Identität in ihren unterschiedlichen Rollen etabliert. Bereits vor der Geburt des Kindes beginnt ein Prozess einer Neudefinition der eigenen Identität. Gewöhnlich findet dieses nach einer zeitlichen Aufschiebung in der 25. bis 30. Schwangerschaftswoche statt. Außerdem verändert sich beim Übergang zur Elternschaft die Paarbeziehung bereits alleine durch die rein körperliche Müdigkeit, die durch das Zusammenleben mit einem Säugling bedingt ist (vgl. Fthenakis, in: LBS-Initiative Junge Familie, 1999, S. 51).

Beim Übergang zur Vaterschaft können Väter neue Kompetenzen für den Umgang mit Problemen erwerben und gleichzeitig kann der Übergang zur Vaterschaft zu einer verbesserten Impulskontrolle, Empathie und der Fähigkeit zur emotionalen Unterstützung anderer führen. Die Lebensphilosophie und die Sinngebung für das eigene Leben verändern sich durch eine Vaterschaft. Eine zunehmende Reife bewirkt zusätzlich eine vermehrte Vitalität, Verantwortlichkeit und Engagement in verschiedenen Lebensbereichen. In Bezug auf die Eltern kann der Übergang zur Elternschaft zu einer neuen, solideren Paaridentität und reifen Partnerschaft beitragen. Ein gelungener Übergang zur Vaterschaft fördert die Qualität der Vater-Kind-Beziehung und bringt für die Eltern die Chance mit, ihre Beziehung positiv zu verändern (vgl. Fthenakis, in: LBS-Initiative Junge Familie, 1999, S. 52f.). Beim Übergang des Mannes zum Vater müssen die biographischen Übergänge der Schwangerschaft, der Geburt, das Vertrautwerden mit Vaterschaft und später der Übergang der Kinder in Institutionen berücksichtigt werden, weil für Väter darin die Chance liegt, eine intensivere Beziehung zu ihren Kindern aufzubauen. Dabei übernehmen sie mehr als die Rolle des materiellen Versorgers. Die jeweiligen Wandlungen der Familien basieren auf den Veränderungen und Verunsicherungen, die vielfach eine Gelegenheit geben, die eigenen Rollen zu hinterfragen, sich mit den gewöhnlichen Stereotypen zu beschäftigen und Vaterschaft für sich neu und kreativ zu gestalten (vgl. Sabla, 2009, S. 39).

4.2 Vaterrolle

Die traditionelle Rolle des Vaters sieht ihn als Oberhaupt und Ernährer der Familie. Bestimmt wird dieses vom Gesellschafts- und Familienkonzept des Patriarchats. Die Begründung basiert aus dem Selbstverständnis der Funktion, die materiellen und ökonomischen Grundlagen der Familie zu sichern. *„Das entspricht dem traditionellen Modell der geschlechtsdifferenzierten Arbeitsteilung, in dem der Mann der Hauptverdiener und die Frau als Hausfrau und Mutter agieren"* (Welpe/Schmeck, 2005, S. 58). Der bereits beschriebene Wandel der Familie aufgrund der Weiterentwicklung der Gesellschaft mit der Emanzipation der Frauen bedingt auch eine Veränderung der Rolle des Mannes in der Gesellschaft und seiner Funktion als Vater (vgl. Welpe/Schmeck, 2005, S. 58). Die These der ausschließlichen Beziehungsfähigkeit des Säuglings zur Mutter wurde durch die Forschung erschüttert. Von Geburt an wird das Kind als fähig und dafür ausgestattet gesehen, unterschiedliche Beziehungen zu verschiedenen Personen aufzunehmen. Der Säugling reagiert bereits früh auf den Vater mit anderen Verhaltensmustern als auf die Mutter. Aus diesem Grund muss neben der Mutter auch der Vater als primärer Kristallisationspunkt der inneren und äußeren Erfahrungen des Säuglings angesehen werden. Der Vater

46

wird in seiner Andersartigkeit gegenüber der Mutter frühzeitig wahrgenommen (vgl. Schorn, 2003, S. 21). Die aus der Kernfamilie als instrumentell definierte Rolle des Vaters und die als expressiv definierte Rolle der Mutter haben sich nunmehr zeitgeschichtlich verändert. Durch die Veränderungen des Ehe- und Familiensystems sind daher auch Veränderungen in der Vater- und der Mutterrolle festzustellen. Veränderungen anderer gesellschaftlicher Teilbereiche vor allem des Arbeits- und Bildungssystems, der Technisierung des Haushalts sowie des allgemeinen Normen- und Wertewandels haben wiederum den vorher genannten Wandel zur Folge. Anhand unterschiedlicher Eheschließungs- und an verschiedenen Geburtskohorten der Männer zeigt sich, dass sich das väterliche Verhalten stark verändert hat. Säuglinge und Kleinkinder erhalten heute eine viel stärkere Aufmerksamkeit durch die Väter als noch vor dreißig Jahren. Die heutige wechselseitige Beziehung zwischen dem Vater und dem Kind belegt den Beginn eines Entdifferenzierungsprozesses zwischen den beiden Elternrollen. Anders ausgedrückt ist mit der Mutterrolle heutzutage nicht mehr das Monopol auf expressives Verhalten in Pflege- und Betreuungssituationen verbunden. Das Mutter-Kind-System löst sich gegenüber der Vaterrolle bzw. den Ehesystemen mehr und mehr auf (vgl. Nave-Herz, 2006, S. 183f.). Das Handeln von Vätern wird nicht zuletzt dadurch beeinflusst, dass sie als Inhaber einer bestimmten sozialen Position mit entsprechenden Zuschreibungen und Erwartungen ihrer sozialen Umwelt konfrontiert werden. Der Begriff der Vaterrolle weist exakt darauf hin (vgl. Matzner, 2004, S. 62). An einer kurzen Gegenüberstellung der bereits erörterten traditionellen und der neuen Vaterrolle wird die Entwicklung deutlich. In der neuen Vaterrolle ist es für den Vater eine Bereicherung in der Betreuung seines (kleinen) Kindes mitzuwirken. Der Vater kümmert sich gemeinsam mit seiner Frau um die Kinder und auch um den Haushalt. Er steht für die Frauenemanzipation und akzeptiert eine berufliche Tätigkeit seiner Frau. Vor allem hat er die Bereitschaft, auch in Erziehungsurlaub zu gehen (vgl. Zulehner/Volz, 1998, S. 38). Anzumerken ist, dass die sozialen Rollen den Wandel von beiden Rollendefinitionen bedingen, wenn sie komplementär definiert sind. Ansonsten würden Problem- und Konfliktbereiche entstehen (vgl. Nave-Herz, 2006, S. 185). Damit die Frauen nicht die ganze Last tragen, indem sie alleine für ihre Berufswelt und zugleich für die Familienwelt verantwortlich sind, muss die Vaterrolle, so die Forderung, darauf abgestimmt werden, im Gegenzug eine Bewegung weg vom isolierten „Ernährer" hinein in die Familienwelt zu machen (vgl. Zulehner/Volz, 1998, S. 126). Damit ist eine große Herausforderung verbunden. Sie besteht darin, die von den gesellschaftlichen Zwängen und Erwartungen geprägte traditionelle Vaterrolle abzulegen (vgl. Waidhofer, in: Werneck/Beham/ Palz, 2006, S. 198).

Die gesellschaftlichen Anforderungen und die tatsächliche Lebensrealität der Väter stehen in einem widersprüchlichen Verhältnis zueinander. Sie sind damit konfrontiert, weil die Vaterrolle sich aufgrund der zunehmenden Erwerbstätigkeit von Frauen nicht länger über seinen Beruf und über sein Einkommen definieren lässt. Frauen haben durch Erwerbstätigkeit größere ökonomische und persönliche Unabhängigkeit und Selbständigkeit erreicht. Sie sind nun in der Lage, eine größere Beteiligung ihres Partners an der Haus- und Familienarbeit einzufordern. Für die Männer von heute besteht die Notwendigkeit, für sich Rollenalternativen zu erkennen und zu nutzen, weil die traditionelle Funktion des Vaters als Oberhaupt und Ernährer der Familie geschwächt ist bzw. nicht mehr wirkungsvoll greift (vgl. Welpe/Schmeck, 2005, S. 60f.).

4.2.1 Ableitung von männlichen Rollenvorstellungen aus den Vaterschaftskonzepten

Die Vorstellungen eines Vaters über die männliche Rolle spiegeln sich in seinen Auffassungen, Überzeugungen, Einstellungen, Gefühlen und Normen in Bezug auf die Vaterschaft, Mutterschaft, Elternschaft, Kindheit, Familie und Erziehung wider. Es gibt verschiedene Vatertypen, die in der Wissenschaft herausgefiltert wurden. Die verschiedenen Vatertypen, die u. a. in sich die männlichen Rollenvorstellungen aufweisen, können unterschiedlich gegliedert werden (vgl. Sabla, 2009, S. 40f.).

4.2.1.1 Traditioneller Ernährer, moderner Ernährer, ganzheitlicher Vater oder familienzentrierter Vater

Der traditionelle Ernährer sieht die Vaterschaft als Selbstverständlichkeit und Reproduktionsfunktion an. Sein „value of children" (Wert der Kinder) ist mehr funktional als emotional und die Ausprägung des Kinderwunsches ist sehr hoch. Die Reflexivität der Vaterschaft ist gering und die Vaterfunktionen bestehen hauptsächlich aus Ernähren, Schützen, Grenzen setzen, Orientierung geben und die schulische und berufliche Entwicklung fördern. Seine Identität bestimmt er hauptsächlich durch den Beruf. Des Weiteren hat er die Vorstellung von einer komplementären Elternschaft, in der der Vater der Ernährer und die Mutter die Hausfrau ist und sich auf die Kinder, den Haushalt und das Familienleben konzentriert. Im Mittelpunkt steht die Gemeinschaft und weniger das Individuum, sodass für ihn Familie eine lebenslange Solidargemeinschaft ist. Die Elternzentriertheit prägt den Familienalltag. Kinder werden als zu erziehende junge Menschen angesehen, die vor allem durch eine intentionale und autoritäre Erziehung erzogen werden. Die Erziehungsziele knüpfen an Pflicht- und Akzeptanzwerte, Leistungsorientierung und soziale Platzierung. Im Alltag sind die Beziehungen eher hierarchisch und distanziert. Außerdem stehen materielle und Pflicht- und Akzeptanzwerte im Vordergrund sowie deren Sichern und Bewahren (vgl. Matzner, 2004, S. 350).

Der zweite Typ, der moderne Ernährer, unterscheidet sich insbesondere dadurch vom ersten, dass ihm eine gute Vater-Kind-Beziehung wichtig ist. Daneben zählen für ihn die bereits genannten Funktionen des Vaters, aber auch ein Familienalltag, der sowohl eltern- als auch kindzentriert ist. Sein autoritärer Erziehungsstil zeichnet sich durch „milde Strenge" aus. Innerhalb der Familie ist die Aufgabenverteilung nicht mehr so streng gegliedert. Dieser Vatertyp sieht sich als „Assistent" der Mutter (vgl. Sabla, 2009, S. 41).

Für den Typen des ganzheitlichen Vaters ist die Vaterschaft mit einem Bewusstsein verbunden, die Vaterschaft zu planen und vorzubereiten. Für ihn haben Kinder einen emotionalen Stellenwert, sodass der Kinderwunsch ebenso hoch ist wie die Reflexivität der Vaterschaft. Seine Vorstellung von Vaterschaft hat mit einer aktiven Vaterschaft im Alltag zu tun. Er ist daher durch die Familienzugehörigkeit sowie durch berufliche und private Interessen geprägt. Des Weiteren hat er keine spezifischen Zuschreibungen an die Mutter, sodass die Ernährerfunktion sowohl vom Vater als auch von der Mutter wahrgenommen werden kann. Dieses gilt auch für die Elternschaft. Dort werden auch keine spezifischen Zuschreibungen gemacht. Die Vorstellung im Familienkonzept basiert auf einem Gemeinschaftsgedanken und einer Autonomie bzw. Offenheit. Daraus ergibt sich auch, dass er die Kinder als autonome Persönlichkeiten, aber auch als zu erziehende junge Menschen ansieht. Sie werden in einem autoritativ-kommunikativen Stil erzogen (vgl. Matzner, 2004, S. 423). Die erfolgreichen ganzheitlichen Väter unterscheiden sich von den weniger erfolgreichen vor allem in den Retraditionalisierungseffekten aufgrund von Erwerbstätigkeit. Die weniger erfolgreichen ganzheitlichen Väter haben weiterhin eine Tendenz zur traditionellen Rollenauslegung, sodass sie selbst eher ein geringes Engagement in der Familie haben (vgl. Sabla, 2009, S. 42).

Der familienzentrierte Vater ist der vierte Typ. Aufgrund ähnlicher Wertvorstellungen gibt es zwischen dem ganzheitlichen und dem familienzentrierten Vater die Gemeinsamkeit, dass beide „aktive Väter" sein wollen. Außerdem möchten beide eine enge Beziehung zu ihren Kindern aufbauen und sich innerhalb der Familien engagieren. Zwischen ihnen resultiert der entscheidende Unterschied aus der Auffassung zum Beruf. Auf der einen Seite haben die ganzheitlichen Väter mehrere Lebensrelevanzen. Auf der anderen Seite sind die familienzentrierten Väter ganz auf die Familie und damit auf ihre Vaterschaft fixiert. Der Großteil von ihnen ist Hausmann. Für den verbleibenden Teil, der berufstätig ist, dient der Beruf lediglich zum Geldverdienen, sodass die Familie zum Mittelpunkt des Alltags avanciert (vgl. Matzner, 2004, S. 434).

Das Verständnis und die Beschreibung der Vatertypen sind sehr weit gefasst. Der Wandel der Vorstellungen und Einstellungen lässt sich dennoch mehr oder weniger an einer chronologischen Abfolge festmachen und zwar indem zwischen den beiden Punkten „traditionell" und „modern" die Spanne des Wandels im Prinzip aufsteigend verläuft (vgl. Sabla, 2009, S. 44).

4.2.1.2 Fassadenhafter, randständiger oder egalitärer Vater

Des Weiteren lassen sich nach den aktuellsten und umfangreichsten Forschungen Väter auch anders gliedern, und zwar beispielsweise in drei Vatertypen. Die drei Typen tragen die Bezeichnungen der fassadenhafte, der randständige und egalitäre Vater. Es wird angenommen, dass die Pluralisierung der familialen Lebensformen für den Einzelnen eine Zunahme an Optionen bedeutet und den Verlust alter Selbstverständlichkeiten sowie die Entstehung neuer Zwänge in sich birgt. Aus diesem Grund müssen sich Väter mit möglichen Formen der eigenen Lebensgestaltung auseinandersetzen (vgl. Sabla, 2009, S. 42). Der fassadenhafte Vater distanziert sich nach außen von dem traditionellen Rollenverständnis. Er sieht sich von seiner Partnerin hochakzeptiert und schätzt sein Verhältnis zum Kind positiv ein. Erst nach einigem Zögern entscheidet sich der fassadenhafte Vater zur Vaterschaft. In sich hat er hingegen eine sehr klischeehafte Vorstellung von Familie, die in ihren Grundzügen stark idealisiert ist. In der Praxis folgt er daher, entgegen seiner nach außen getragenen Distanzierung zum traditionellen Rollenverhältnis, einem traditionellen Rollenmodell. In Erziehungsfragen ist er oft überfordert und hat für die Bewältigung von Alltagsproblemen keine hinreichenden Lösungen, sodass er sich hinter der Fassade des fürsorglichen, überlegenen und gewissenhaften Vaters eher hilflos zeigt. Oft nimmt seine Partnerin diese Hilflosigkeit intuitiv wahr und unterstützt ihn in unauffälliger Art und Weise. Zwar wollen sie durchaus mehr als nur Brotverdiener sein, jedoch identifizieren sie sich mit einer empathischen Vaterschaft („Freund des Kindes") nur oberflächlich und finden keine eigenständige Haltung. Der fassadenhafte Vater sucht daher seine Position zwischen den Erwartungen seiner Partnerin und den allgemein gesellschaftlich wahrnehmbaren Rollenanforderungen (vgl. Bambey/Gumbinger, 2006, S. 27f.).

50

In der Dreierbeziehung „Vater-Mutter-Kind" fühlt sich der randständige Vater wenig akzeptiert, da er sich zwar mehr in der Familie engagieren möchte, jedoch stößt er bei seiner Partnerin auf Unbehagen. Diese Väter erleben mit ihrem traditionellen Rollenverständnis ihre Veränderungsversuche als Eingriffe in ihren Kompetenzbereich. Darüber hinaus sind sie davon überzeugt, dass ihre Partnerin ihren erzieherischen Kompetenzen misstraut. Gemäß ihrer Wahrnehmung möchte die Mutter sie sogar aus der Beziehung zum Kind tendenziell ausschließen. Damit geht auch die Überzeugung einher, dass für die Partnerin die Beziehung zum Kind relevanter ist als die Paarbeziehung (vgl. Sabla, 2009, S. 43). Es zeigt sich dadurch eine Unzufriedenheit mit dem Familienleben bei dem randständigen Vater. Dazu drückt er eine gewisse Unsicherheit gegenüber seiner väterlichen Position aus. Er favorisiert nicht direkt die traditionelle Rollenverteilung, allerdings betrachtet er emanzipierte Frauen als eher abträglich für das Zusammenleben in der Familie. Gegenüber Enttäuschungen zeigen sich diese Männer sehr empfindlich, gerade dann, wenn sie ihre eher traditionellen Lebensvorstellungen nicht durchsetzen können. Entweder passen sie sich dann den Vorstellungen der Frau an oder suchen in der Position des Ernährers ihre Zuflucht (vgl. Bambey/Gumbinger, 2006, S. 28).

Der egalitäre Vater unterscheidet sich deutlich von allen anderen Vatertypen, weil er sich als partnerschaftlich, dem Kind zugewandt, geduldig und als von der Partnerin hoch akzeptiert wahrnimmt. Er lehnt die traditionellen Rollenklischees strikt ab und fühlt sich in seiner Rolle sicher. Ein Konzept der Vaterschaft, das von emotionaler Kompetenz und reflexiver Auseinandersetzung mit der väterlichen Rolle getragen ist, versucht er umzusetzen. Die Kindererziehung erfolgt auf gleicher Ebene mit der Mutter, weil sie als ein in der Partnerschaft gemeinsames und in egalitärer Aufgabenteilung gestaltetes Projekt aufgefasst wird. Auch für das eigene Selbstverständnis des Vaters spielt die Beziehung zum Kind eine wichtige Rolle (vgl. Sabla, 2009, S. 43). Für den egalitären Vater ist es von großer Bedeutung Erziehungsfragen und -konflikte mit einer hohen Flexibilität zu lösen. Die Aushandlungsprozesse der familialen Rollenaufteilung sind mitunter spannungs- und konfliktreich. Diesbezüglich zielt dieser Vatertyp darauf ab, größtmögliche Chancen zur eigenständigen Lebensgestaltung für alle Familienmitglieder zu ermöglichen (vgl. Bambey/Gumbinger, 2006, S. 29).

Auch in dieser Vatertypunterscheidung ist die Spanne des Wandels zwischen den traditionellen und modernen Rollenauffassungen aufsteigend (vgl. Sabla, 2009, S. 44).

4.2.2 Erwartungen der Frauen an die Väter

Eine Arbeitsteilung zwischen den Geschlechtern, die den Frauen die Familienaufgaben als Hauptberuf und die Außentätigkeiten als Nebenberuf zuweist, bringt nicht nur ökonomische und soziale Nachteile für Frauen. Diese regide geschlechtsspezifische Rollentrennung hat auch aus psychologischer Sicht auf Frauen und Männer und deren Paarbeziehungen negative Auswirkungen. Ohne die Mithilfe der Männer im Haushalt und bei der Kinderbetreuung werden die Frauen ungeheuer belastet. Stress, Erschöpfung, Freizeitmangel, Benachteiligung im Beruf sind einige Leiden der doppel- bzw. mehrfachbelasteten Frauen. Bei einer traditionellen Arbeitsteilung fühlen sich die Frauen besonders unzufrieden (vgl. Deutsch-Stix/ Janik, 1993, S. 44).

Neben dem Verlust der Selbstverständlichkeiten der Beziehungen der Geschlechter haben sich die Erwartungen der Frauen bzw. auch der Gesellschaft an Männer geändert (vgl. Stiehler, 2010, S. 14). Viele Frauen erwarten mittlerweile Unterstützung und Engagement ihrer Männer in der Familie. Jedoch fühlen sich Männer durch widersprüchliche Erwartungen verunsichert. Sie sollen aus der Perspektive ihrer Frauen sanft und zupackend, zugleich verlässliche Ernährer, aber auch einfühlsame Erzieher der Kinder sein. Die Frauen wünschen sich, dass ihre Männer nicht den ganzen Tag auf der Arbeit sind, sondern auch Zeit mit der Familie verbringen. Zudem möchten Sie, dass der Mann auch im Haushalt mitwirkt oder beispielsweise, dass er zumindest Einkäufe erledigt (vgl. Gesterkamp, 2010, S. 41). Paradoxerweise haben dennoch die meisten Frauen auf Dauer wenig Interesse an einem „netten" Mann. Sie möchten nicht die Dominanz über den Mann haben, weil sie sich ansonsten in der Mutterrolle befinden und ihn als großen Jungen betreuen würden. Langfristig gesehen finden nur wenige Frauen eine derartige Rolle attraktiv (vgl. Leimbach, 2011, S. 38).

Die Gründe für die insgesamt neuen Erwartungen liegen im entwickelten Anspruch auf Selbstverwirklichung der Partner. Vor allem bei Frauen wird die Selbstverwirklichung durch die Verpflichtungen der Familie eingeschränkt. Ihre Unzufriedenheit mit der Beschränkung auf die häusliche Rolle stieg mit der Emanzipation der Frau. Die Hausarbeit als Quelle für die persönliche Erfüllung verliert zunehmend an Bedeutung, wenn die außerhäuslichen Erfüllungschancen größer sind. Ehemänner werden aus der Unzufriedenheit, die aus den Belastungen resultiert, dazu gezwungen, sich mit den Problemen auseinanderzusetzen und nach Formen der Kooperation zu suchen. Die Erwartungen der Frau können an dieser Stelle auf Veränderungswünsche der Männer treffen, weil sich zunehmend auch Männer mit ihrer eigenen Geschlechterrolle unzufrieden fühlen. Die überwiegende Mehrheit der Männer vermisst die ideellen Werte, wie beispielsweise Selbstverwirklichung, Glück und innere Zufriedenheit in ihrem Leben (vgl. Deutsch-Stix/Janik, 1993, S. 44ff.).

Männer treten vermehrt als Väter in Erscheinung. Zum einen kann dieses ein Ausweg aus der zuvor angesprochenen Situation sein, weil sie dadurch Gefühle, positive wie negative, zeigen können. Außerdem schließen die „veränderten" Männer bzw. Väter sich nicht mehr ein, sondern sind authentisch, offen, warm und verbindlich. Sie gehen dialogisch und gleichberechtigt mit den anderen um und teilen darüber hinaus auch die Berufs- und Hausarbeit mit ihren Frauen. Dadurch würde auch ein zweiter positiver Effekt eintreten. Die neuen Erwartungen der Frauen an die Väter können erfüllt werden (vgl. Deutsch-Stix/Janik, 1993, S. 44ff.).

4.2.3 Vater-Kind-Beziehung

Das direkte kindbezogene Handeln des Vaters wird von seiner Persönlichkeit (Auffassungen, Vorstellungen und Motive), der zur Verfügung stehenden Zeit, dem Verhalten der Mutter und den Kindern selbst geprägt. Da sich Sozialisation in der Familie in bestimmten Situationen, in denen Vater, Mutter und Kinder interagieren, vollzieht, spielt u. a. die Vater-Kind-Beziehung eine wichtige Rolle (vgl. Matzner, 2004, S. 110). Positive und negative Beiträge von Vätern entstehen bereits vor der Zeugung. Zahlreiche Faktoren beeinflussen die väterliche Einstellung zu Schwangerschaft und Geburt. Zu beobachten ist, dass Väter eine positivere Einstellung zum Kind haben, wenn die Schwangerschaft gewollt war und die Partnerschaft zufrieden stellend erlebt wurde (vgl. Reckert, 1996, S. 40f.).

Heute ist in den meisten Fällen die Schwangerschaft für beide Partner eine bewusst gemeinsam gewollte und erlebte Erfahrung. Für die wenigen Kinder pro Familie werden seitens der Eltern wesentlich mehr Leistungen mobilisiert als früher. Allerdings ist zu beachten, dass mehr Quantität nicht direkt mit mehr Qualität einhergeht. Seitens beider Elternteile beginnt bereits mit der Schwangerschaft und der Geburt die Kindzentrierung der Eltern. Der Vater nimmt aktiv an den Vorbereitungen für die Ankunft des Kindes teil, sodass er nicht mehr nur Betrachter wie früher ist. Viele werdende Väter begleiten ihre Frauen während der Schwangerschaft zu ihren Vorsorgeuntersuchungen und nehmen an geburtsvorbereitenden Kursen teil. Heutzutage erleben viele Väter die Geburt ihrer Kinder mit, was vor einigen Jahren aus normativen und praktischen Gründen sowie aus hygienischen Gründen abgelehnt worden wäre. Die heutigen Väter beteiligen sich während der Säuglings- und

Kleinkindphase stärker an der Pflege und Sozialisation als die Väter vor 40 Jahren (vgl. Nave-Herz, 2006, S. 213f.).

Oftmals steht die emotionale Unterstützung der Mutter in Wechselwirkung mit mütterlicher Kompetenz, ebenso wie in machen Situationen väterliche Wärme in Wechselwirkung mit depressiven Symptomen der Mutter nach der Geburt steht. Ältere Kinder können durch den Vater auf die Geburt des Geschwisters vorbereitet werden. Wenn Mütter in der Schwangerschaft für die älteren Kinder weniger verfügbar sind, können Väter diese Zuwendungsmängel durch die Vater-Kind-Beziehung ausgleichen. Speziell wenn sich ein Geschwistersystem bildet, wird den Vätern eine besondere Bedeutung zugeschrieben. Während der mütterlichen Schwangerschaft entwickeln sich häufig intensive Beziehungen zwischen erstgeborenem Kind und Vater (vgl. Reckert, 1996, S. 40f.).

Des Weiteren hängt das Bindungsverhalten der Kinder von der Qualität der jeweiligen Eltern-Kind-Beziehung ab (vgl. Sabla, 2009, S. 20f.). Harmonie und Einheit unter den Eltern gelten als notwendige Bedingung elterlicher Erziehung. Vater und Mutter müssen einheitlich erziehen und zwischen ihnen sollte im besten Fall ein Einklang herrschen. Für das Gedeihen der häuslichen Erziehung ist das innige Zusammenwirken von Vater und Mutter Grundvoraussetzung. Die Vater-Kind-Beziehung sollte daher in demselben Geiste und nicht auf anderem Wege stattfinden (vgl. Drinck, 2005, S. 59). Darüber hinaus gibt es Studien, die Hinweise auf Zusammenhänge zwischen Vater-Kind Interaktionen und sozioemotionaler Entwicklung liefern. Jedoch ist die Anzahl der Studien noch gering (vgl. Kindler, 2002, S. 16).

Den Vätern innerhalb der Kernfamilie wurde die instrumentelle Funktion des Ernährers der Familie zugeschrieben. Die Mutter hingegen hatte in erster Linie eine expressive Funktion der Betreuung und Zuwendung. Die Vater-Kind-Beziehung rückt in einer zweiten Phase zunehmend in den Mittelpunkt der Betrachtung. Aus Forschungsergebnissen erwächst demzufolge die Erkenntnis, dass Kinder sehr wohl in der Lage sind, bedeutsame Beziehungen zu ihren Vätern aufzubauen. Nicht nur der Aufbau von Mutter-Kind-Beziehungen, sondern auch der Aufbau von Vater-Kind-Beziehungen ist daher in Familien erforderlich (vgl. Sabla, 2009, S. 20f.).

4.3 Aktive Vaterschaft als Aufgabe eines modernen Vaters

Aktive Vaterschaft ist mehr als nur Erziehung. Es bedeutet, sich von Anfang an gemeinsam mit der Partnerin, aber auch ohne ihre Anleitung, für das gemeinsame Kind zu engagieren. Viele verbinden mit Erziehung, dass ein Kind die richtigen

Dinge zur rechten Zeit lernt, sich geistig, körperlich, seelisch sowie moralisch adäquat entwickelt. Die aktive Vaterschaft fordert nicht nur zu überwachen, ob Erziehungsziele umgesetzt werden, sondern beansprucht darüber hinaus zeitlich und emotional präsenter für das Kind da zu sein, als die Väter der vergangenen Generationen. Der aktive Vater hat zugleich aktives Interesse an der Entwicklung seiner Kinder. Er möchte als empathischer, fürsorglicher und alltäglicher Interaktionspartner seiner Kinder an ihrer Entwicklung stärker partizipieren und diese mitgestalten (vgl. Kerschgens, 2009, S. 66).

In den letzten Jahren konnte zunehmend zurückgewiesen werden, dass das Erziehungsverhalten der Mutter nahezu ausschließlich für den Verlauf der kindlichen Entwicklung verantwortlich sei. Kleinkinder haben von früh an ähnliche Muster von Bindungsverhalten gegenüber Mutter und Vater, sodass Väter und Mütter gleichermaßen attraktive Bindungspersonen sind. Zumindest die folgenden potentiellen Möglichkeiten, wie sich väterliches Engagement auf die kindliche Entwicklung auswirkt, können generell festgehalten werden. Väter stellen materielle Ressourcen zur Verfügung, instruieren und trainieren ihr Kind. Väterliches Verhalten, Einstellungen und Erwartungen beeinflussen das Kind. Väter bieten emotionale und moralische Unterstützung an und wirken durch Einflussnahme auf die Kindsmutter indirekt auf ihr Kind ein (vgl. Fthenakis, in: LBS-Initiative Junge Familie, 1999, S. 44).

Ein wichtiges Verständnis für die Bedeutung und Konsequenzen väterlicher Beteiligung für die gesamte Familie kann nur unter Berücksichtigung aller Bereiche, in denen sich Väter engagieren, vertieft werden. Aus diesem Grund könnten die Ernährerrolle des Vaters sowie die expressiven und affektiven Bereiche direkten Engagements nicht von Formen väterlicher Fürsorge geteilt werden, die sich nicht in direkter Weise ausdrücken. Eine ausschließliche Konzentration auf ausgewählte Bereiche verdeckt den Blick für andere wichtige Aspekte, in denen sich Väter für ihre Familie einsetzen sollten (vgl. Fthenakis, in: LBS-Initiative für Junge Familie, 1999, S. 32).

Daran kann der Begriff der Vaterkraft geknüpft werden. Neben der Fortpflanzung muss es einen sozialen Sinn geben, dass es Frauen und Männer gibt. Aus dieser These geht hervor, dass dieser nur in der aufeinanderbezogenen Verschiedenheit liegen kann. Demnach müssen die Verschiedenheit und die Art und Weise, wie diese auf das jeweils andere Geschlecht bezogen ist bzw. dessen Eigenständigkeit ergänzt wird, berücksichtigt werden. Die Ausführungen zur väterlichen Aufgabe in der frühkindlichen Entwicklung beschreiben dieses exakt. Kinder leben zunächst in einer symbiotischen Beziehung mit der Mutter, weil ein Kind im Mutterleib ohne die Mutter nicht lebensfähig ist. Bei Geburt wird dieser existentielle Raum verlassen und damit die Abhängigkeit zur Mutter ein wenig gelockert. Für das Kind besitzt die Mutter weiterhin eine herausgehobene, exklusive Stellung. Durch das Hinzutreten des Vaters vollzieht sich eine weitere Lockerung. In erster Linie ist die mütterliche Aufgabe, den Raum, den Schutz, die Geborgenheit und die Nahrung zu geben. Der Vater hat hingegen die Aufgabe, Neugier, Eigenständigkeit und Veränderungslust des Kindes zu fördern. Dem Mutterraum steht eine Vaterkraft entgegen, wobei beide gleichermaßen notwendig und aufeinander bezogen sind. In der jeweiligen Entwicklungsphase des Kindes muss aber die richtige Dosierung des mütterlichen und väterlichen Prinzips stattfinden. Beim Kind kommen Veränderungslust und Veränderungswiderstand im Sinne eines Schutzes vor zu schneller Entwicklung auf. Im Laufe der Entwicklung drängt jedoch die Veränderungslust vorwärts. Für den Übergang benötigt das Kind Kraft und Sicherheit von Außen. Das ist die Vaterkraft, die durch eine aktive Vaterschaft noch besser aufgebaut werden kann (vgl. Stiehler, 2010, S. 185).

Nicht nur die Vaterkraft kann aus einer aktiven Vaterschaft gedeihen, sondern die zentralen Kategorien des elterlichen Engagements können dadurch besser umgesetzt werden. Diese zentralen Kategorien beinhalten Kommunikation, Unterweisung, Überwachung, gedanklich Prozesse, Dienstleistungen, Versorgung, kindbezogene häusliche Tätigkeiten, gemeinsame Interessen, Verfügbarkeit, Planungen, gemeinsame Aktivitäten, Fürsorge, Zuwendung sowie Schutz und emotionale Unterstützung (vgl. Fthenakis, in: LBS-Initiative für Junge Familie, 1999, S. 35).

Anstelle der kulturell determinierten Vaterrolle wird der Begriff der Vaterarbeit eingeführt. Vaterschaft wird mit dem Begriff der Vaterarbeit in einen für Männer vertrauten Kontext gestellt, weil er bezahlte Tätigkeiten und unbezahlte häusliche Arbeit umfasst. Es bestehen zwischen beruflichen und häuslichen Tätigkeiten sowohl Unterschiede als auch Übereinstimmungen. Berufliche Arbeit ist in der Regel produkt- und Vaterarbeit hingegen personenorientiert. Außerdem ist berufliche Arbeit üblicherweise örtlich und zeitlich begrenzt und stellt eine ökonomische Aktivität dar. Vaterarbeit stellt wiederum eine ethnische Aktivität (Fürsorge für Familienmitglieder) dar. Allerdings besteht zwischen den beiden Formen von Arbeit die Übereinstimmung darin, dass beide Aktivitäten etwas beinhalten, was Väter tun müssen und was die meisten Väter auch tatsächlich übernehmen. Und zwar sind beide beschwerlich, ehrenwert und erschöpfend. Zu dem ist bei beiden eine aktive, bewusste, kreative und adaptive Anstrengung erforderlich (vgl. Fthenakis, in: LBS-Initiative für Junge Familie, 1999, S. 33).

Seit den ausgehenden 1970er Jahren ist der aktive Vater ein gesellschaftliches Thema. Zunächst wurde die aktive Vaterschaft *„von einer Avantgarde reflexiv die eigene Männlichkeit thematisierender Väter gelebt und in den bereits durch die Emanzipationsbewegung der Frauen vorbereiteten gesellschaftlichen Diskurs ein-*

gebracht (Kerschgens, 2009, S. 66). Durch die Emanzipationsbewegung der Frauen und deren zunehmende Erwerbstätigkeit ist ein Handlungs- und Legitimationsproblem der Rolle des Vaters in der Familie entstanden. Im Bereich der männlichen Fürsorge entsteht ein Vakuum, wenn Mütter in stärkerem Maße zum Familienunterhalt beitragen bzw. die Wesenszuschreibungen der bürgerlichen Familie für Frauen nicht mehr greifen. Diese Lücke kann durch die Argumentationsfigur des aktiven Vaters als engagiertem und fürsorglichem Vater geschlossen werden. Die aktive Vaterschaft kann daher insgesamt Antworten und Lösungen für die aufkommenden Fragen bzw. Probleme bezüglich der Familie liefern und sollte aus diesen Gründen als Aufgabe eines modernen Vaters angesehen werden (vgl. Kerschgens, 2009, S. 66f.).

4.4 Partizipation an den Haushalts- und Familienaufgaben

Es ist für das Funktionieren des Familiensystems relevant, welche Vorstellungen von Familie die Familienmitglieder selbst haben, welches Rollenverständnis bei ihnen wie auch in der Gesellschaft vorherrscht, wie sie Rollenzuweisungen mit eigenen Wünschen und Plänen abstimmen und in ihrem praktischen Verhalten zur Geltung bringen. Als eine der bedeutendsten gesellschaftlichen Entwicklungen ist die Veränderung im Leben von Frauen zu sehen. Durch ihr neues Selbstverständnis nehmen sie verstärkt an Bildungsangeboten und beruflicher Ausbildung teil. Die Lebensperspektive reicht über das Mutter- und Hausfrauen-Dasein hinaus. Auch der Beruf ist für die meisten Frauen der jüngeren Generation ein selbstverständlicher Bestandteil ihrer Lebensplanung. Sie möchten Beruf und Familie verbinden, sodass sie für einen Wandel der Geschlechterrollen eintreten. Daran knüpft, dass sie sich nicht mehr auf die traditionelle Frauenrolle (Zuständigkeit für den familiären Innenbereich, Erziehung und Pflege der Kinder) festlegen lassen wollen. Vielmehr möchten sie ihre Bildungs- und Ausbildungsqualifikationen im außerhäuslichen Bereich umsetzen und insbesondere ihre berufliche Identität sicherstellen. Die Partizipation des Vaters an den Haushalts- und Familienaufgaben spielt aus diesem Grund eine wichtige Rolle (vgl. Hamann, 2000, S. 48f.).

Die familiale Arbeitsteilung, d. h. wer was macht und wer wofür zuständig ist, scheint nicht mehr so klar vorgezeichnet zu sein wie in der Vergangenheit. Ein Großteil der Eltern muss und kann stattdessen individuell nach neuen und differenzierten Antworten der Lebensführung suchen. Die familiale Arbeitsteilung wird damit zu einer Art Prüfstein für den Wandel von Männlichkeit in Bezug auf Vaterschaft sowie für den Wandel von sozial vorstrukturierten Geschlechterverhältnissen, wie sie auch zwischen Müttern und Vätern in Familien ihre Wirkung entfalten, generiert (vgl. Sabla, 2009, S. 83).

Allerdings stehen solchen Wünschen Hindernisse entgegen und zwar seitens der Männerwelt sowie seitens gesellschaftlicher Institutionen. In ihren Reaktionen sind die Männer geteilt. Speziell die Männer der jüngeren Generation zeigen Verständnis für die nach mehr Unabhängigkeit, Gleichberechtigung und beruflicher Identität strebenden Frauen und geben dieses auch verbal zum Ausdruck (vgl. Hamann, 2000, S. 49). In ihrem Verhalten bleiben die Meisten jedoch hinter dem, wofür sie im Kopf und mit Worten eintreten, zurück. Dieses wird aus der Betrachtung des Modernisierungsgrads der Geschlechterrollen ersichtlich. So wird zwar von den traditionellen zu den modernen Männern hin der familienerhaltende Beitrag deutlich geringer, jedoch nimmt der familiengestaltende Beitrag nur gering zu. Hinsichtlich der häuslichen Arbeitsteilung übernehmen Männer stärker handwerkliche Aufgaben und bürokratische Dinge. Aufgaben, wie Kochen, Spülen, Bügeln und Putzen, werden weiterhin von Frauen übernommen. Bei Männern aller Geschlechterrollentypen ist das Muster der Übernahme von Hausarbeiten beinahe identisch, wobei dieses Muster bei den traditionellen Männern wesentlich ausgeprägter ist als bei den modernen (vgl. Volz, in: Mühling/Rost, 2007, S. 208f.). Bemerkenswert ist, dass sich viele Paare vor der Geburt des Kindes die Arbeit im Haushalt partnerschaftlich teilen. Dies ändert sich meist schlagartig, sobald das Kind da ist. Die Hauptlast der Haushaltsführung fällt auf die Frau. Zu dem steigen einige Väter sukzessive aus der Versorgungsarbeit aus (vgl. Notz, 2003, S. 24).

Jedoch wollen selbstständige Frauen versinnbildlicht nicht bloße Haushälterinnen, Puppen, Leibeigene oder Sklaven des Mannes sein. Männer müssen daher nicht nur den materiellen Familienpflichten, sondern auch den immateriellen Familienpflichten nachkommen. Das Emanzipationskonzept der Frauen ist demnach ohne die Beteiligung der Männer an Haushalts- und Familienaufgaben verfehlt (vgl. Notz, 2003, S. 22).

4.5 Verbindung zum Genderbegriff

Das Thema Gender darf nicht fehlen, wenn es um Männer und Frauen und deren Verhältnis zueinander geht. Die traditionellen Zuschreibungen sind bis heute noch in den Köpfen der Menschen verankert. Sie werden aber allmählich aufgebrochen. Vor allem von den Männern wird ein neues Rollenverständnis erwartet. Daran knüpft eine stärkere Beteiligung an der Hausarbeit, sowie der Erziehung und Pflege der Kinder (vgl. Engster, 2006, S. 4).

Im Kontext von Familie, Kultur und Gesellschaft sind bestimmte Verhaltens- und Rollenerwartungen an die Väter vorhanden. Im Allgemeinen knüpft der Genderbegriff genau an diese geschlechtsspezifischen und geschlechtstypischen Verhaltens- und Rollenerwartungen, sodass eine eindeutige Verbindung zwischen der modernen Vaterschaft und Gender besteht (vgl. Welpe/Schmeck, 2005, S. 21).

Die moderne Vaterschaft, die aktive Väter vorsieht, bedeutet nicht den Verlust von Männlichkeit, weil sie sozial konstruiert wird. Bei stattfindenden Veränderungen wandelt sie sich demnach mit. Geschlechter entstehen aus sozialen Praktiken. Vieles, was als typisch für Frauen und Männer erscheint, basiert auf gesellschaftlichen Einflüssen. Auch aus diesem Grund muss die Flexibilität der Begriffe Männlichkeit und Weiblichkeit berücksichtigt werden. Insbesondere die veränderten Ansprüche der Vaterschaft stellen daher keine Gefahr für die Männlichkeit dar, weil sich beides parallel entwickelt. Diesbezügliche Veränderungen stehen ebenfalls in keinem Fall im Widerspruch und reduzieren bzw. lösen die Männlichkeit nicht auf. Vielmehr nähern sich moderne Vaterschaft und Männlichkeit durch die Veränderungen an. Aktive Väter werden zwar noch vereinzelnd als weiblich deklariert oder mit ihnen wird nicht gerade anerkennend umgegangen (vgl. Engster, 2006, S. 4). In Zukunft wird allerdings genau dieses als besonders männlich angesehen werden, weil nach der derzeitigen Entwicklung davon ausgegangen werden kann, dass die moderne Vaterschaft sogar einen Teil von Männlichkeit ausmachen wird. Die Forderung der Frauen nach derartigen Männern wird immer stärker sein. Da Männlichkeit sozial konstruiert ist, wird sie sich entsprechend wandeln (vgl. Tuider, in: Fuchs-Heinritz/Klimke/Lautmann, 2011, S. 232). Auch Frauen wollen, ebenso wie Männer, eine Existenz sichernde Erwerbsarbeit. Dieses wirkt sich auf die Ansprüche an ein verändertes Rollenverständnis an (Ehe-) Partner und Berufskollegen, verbunden mit konkreten Erwartungen an Verhaltensänderungen, aus. Interessant ist, dass Frauen das Bedürfnis an eigene Existenzsicherung sogar oft in den Mittelpunkt stellen, ohne abzuwarten, bis der männliche Teil der menschlichen Gesellschaft ebenfalls seine Normen und Wertvorstellungen ändert (vgl. Notz, 2003, S. 48).

Außerdem ist die moderne Vaterschaft ein gutes und besonderes Beispiel für das „doing" Gender des Mannes. Der Mann stellt in der modernen Vaterschaft sein (neues) Geschlecht her, weil er die dazugehörigen Rollen genau nach dem Prinzip des „doing" Gender interpretiert und erfüllt, den Rollenerwartungen entspricht oder widerspricht und sich dabei beteiligt, diese Rollen zu definieren, zu verändern oder aufzubrechen (vgl. Merz, 2001, S. 53f.).

Langfristig verändert sich nur etwas, wenn die Gesellschaft anfängt die traditionellen Rollenbilder von Frauen und Männern in Frage zu stellen und neue Identitäten unabhängig vom Geschlecht lebt. Damit sich diese neuen Identitäten durchsetzen, müssen sie unterstützt werden. Beide Geschlechter müssen berücksichtigt und es muss sich mit beiden auseinander gesetzt werden. Aus diesem Grund muss einerseits die Rolle der Frau erforscht und ihr zu einem besseren Auskommen in der Männerwelt verholfen werden. Andererseits ist es jetzt an der Zeit, auch die Männer bei ihrer Emanzipation zu unterstützen. Bei dem Wandel der Familien, der sich wandelnden Lage des Arbeitsmarktes und der wirtschaftlichen sowie gesellschaftlichen Rahmenbedingungen ist dies vor allem von entscheidender Bedeutung (vgl. Engster, 2006, S. 6).

4.6 Zusammenfassung

Es gibt keine einzige charakteristische oder normative Rolle für den Mann von heute, sondern es besteht eine Vielzahl von Variationen. Das Einkommen des Mannes als zentrale Komponente der männlichen Identität ist durch das individuelle Einkommen weggefallen. Aus diesem Grund muss sich der Mann bzw. der Vater neu entdecken und seine neue Rolle finden. Die Entwicklung geht weg von einem autoritären Vater hin zu einem engagierten, fürsorglichen und emotional ansprechbaren Vater. Der neue Mann strebt nach mehr. Er möchte sich nicht nur auf das Arbeitsleben reduzieren lassen. Dafür hat er die Väterlichkeit wiederentdeckt, die mit dem Wertewandel zusammenhängt. Außerdem wurden durch die gesellschaftlichen Veränderungen dessen Freiwilligkeit und Selbstbestimmtheit in den Vordergrund gerückt.

Die Sozialisation zum Vater vollzieht sich zusammen mit einer bestimmten sozialen Lage und einem Milieu. Individuelle Merkmale, Einstellungen, Lebenspläne, Auffassungen und Werthaltungen wirken sich auf das Vaterschaftskonzept genauso aus, wie die strukturellen Rahmenbedingungen. Bereits vor der Geburt des Kindes beginnt ein Prozess der Neudefinition der eigenen Identität und beim Übergang zur Vaterschaft können die Väter neue Kompetenzen erlangen. Des Weiteren verändert sich ihre Lebensphilosophie und Sinngebung. Durch die Wandlungen der Familien werden die Rollen neu hinterfragt. Darin liegt für die Väter die Chance, sich mit den gewöhnlichen Stereotypen zu beschäftigen und die Vaterschaft neu und kreativ für sich zu gestalten. Auch die Tatsache, dass Säuglinge nicht ausschließlich beziehungsfähig zur Mutter sind, unterstützt dieses. Der Vater muss daher neben der Mutter als Kristallisationspunkt der inneren und äußeren Erfahrungen des Säuglings angesehen werden. Darüber hinaus besteht für Männer die Notwendigkeit, für

60

sich Rollenalternativen zu erkennen und zu nutzen, weil die traditionelle Funktion des Vaters geschwächt ist bzw. nicht mehr wirkungsvoll greift.

Die verschiedenen Vatertypen, die sich entwickelt haben, können in einer Variante grob in den traditionellen oder modernen Ernährer sowie in den ganzheitlichen oder familienzentrierten Vater gegliedert werden. Darüber hinaus besteht eine andere Variante der Gliederungsmöglichkeit. Die Vatertypen können in einen fassadenhaften, randständigen oder egalitären Vater unterteilt werden. Bei beiden Varianten ist die Spanne des Wandels zwischen den traditionellen und modernen Rollenauffassungen aufsteigend.

Ebenfalls haben sich die Erwartungen der Frauen an die Väter geändert, weil sie ohne die Mithilfe ihrer Männer im Haushalt und bei der Kinderbetreuung überfordert wären. Hinzu kommt, dass das Hausfrauendasein für sie nicht mehr erstrebenswert ist. Sie sind berufstätig und möchten es bleiben. Engagement und Unterstützung der Männer ist daher auch notwendig. Die neuen Erwartungen treffen an dieser Stelle auf Veränderungswünsche der Männer, die durch eine zunehmende Unzufriedenheit mir ihrer eigenen Geschlechterrolle entstehen. Darüber hinaus kann die Vater-Kind-Beziehung Zuwendungsmängel der Kinder ausgleichen. Gleichzeitig können bedeutsame Beziehungen zwischen Kindern und Vätern entstehen, die zur Sozialisation der Kinder beitragen.

Eine aktive Vaterschaft, die mehr als nur Erziehung ist, kann zum einen eine Lücke schließen, die innerhalb der Familie entsteht, wenn Frauen bzw. Mütter in zunehmendem Maß berufstätig sind. Außerdem kann die aktive Vaterschaft insgesamt Antworten und Lösungen für die aufkommenden Fragen bzw. Probleme bezüglich der Familie liefern. Daher sollte sie als Aufgabe eines modernen Vaters angesehen werden. Ansonsten ist das Emanzipationskonzept der Frauen ohne die Beteiligung der Männer an Haushalts- und Familienaufgaben verfehlt.

Wenn es um Männer und Frauen sowie deren Verhältnis zueinander geht, darf ebenfalls das Thema Gender nicht fehlen. In der modernen Vaterschaft stellt der Mann sein (neues) Geschlecht her, weil er die dazugehörigen Rollen genau nach dem Prinzip des „doing" Gender interpretiert und erfüllt, den Rollenerwartungen entspricht oder widerspricht und sich dabei beteiligt, diese Rollen zu definieren, zu verändern oder aufzubrechen. Das neue Rollenverständnis knüpft an eine stärkere Beteiligung an der Hausarbeit sowie der Erziehung und Pflege der Kinder an.

Langfristig findet nur dann eine Veränderung statt, wenn die traditionellen Rollenbilder von Frauen und Männern in Frage gestellt und neue Identitäten gelebt werden. Es ist auch an der Zeit, die Männer bei ihrer Emanzipation zu unterstützen, weil vor allem dies bei dem Wandel der Familien, des Arbeitsmarkts und der gesellschaftlichen Rahmenbedingungen von entscheidender Bedeutung ist.

5. Vätergerechte Familienpolitik

Die gesamte Familienpolitik und demzufolge auch alle familienpolitischen Maßnahmen beruhen auf einer expliziten Grundlage, dem Artikel 6 des Grundgesetzes.

<u>Grundgesetz</u>

I. Die Grundrechte (Art. 1-19)

Artikel 6

(1) Ehe und Familie stehen unter dem besonderen Schutze der staatlichen Ordnung.

(2) Pflege und Erziehung der Kinder sind das natürliche Recht der Eltern und die zuvörderst ihnen obliegende Pflicht. Über ihre Betätigung wacht die staatliche Gemeinschaft.

(3) Gegen den Willen der Erziehungsberechtigten dürfen Kinder nur auf Grund eines Gesetzes
von der Familie getrennt werden, wenn die Erziehungsberechtigten versagen oder wenn die
Kinder aus anderen Gründen zu verwahrlosen drohen.

(4) Jede Mutter hat Anspruch auf den Schutz und die Fürsorge der Gemeinschaft.

(5) Den unehelichen Kindern sind durch die Gesetzgebung die gleichen Bedingungen für ihre
leibliche und seelische Entwicklung und ihre Stellung in der Gesellschaft zu schaffen wie den
ehelichen Kindern.

<u>Abbildung 3:</u> *Artikel 6 des Grundgesetzes* (vgl. Stascheit, 2009, S. 19)

Die Familienpolitik ruht demnach auf einer sehr stabilen Grundlage; der ausführli-
chen und konkreten Nennung im Grundrechtekatalog. Daraus ergeben sich drei
Funktionen. Das Abwehr- bzw. Freiheitsrecht ist die erste Funktion und bedeutet,
dass der Staat nicht in die Privatsphäre der Ehe und Familie eingreifen darf. Darüber hinaus darf er sie gegenüber anderen Lebensformen nicht diskriminieren. Die
zweite Funktion bezieht sich auf die Institutsgarantie. Demnach darf der Staat die
Ehe und Familie nicht abschaffen. Vielmehr muss er ihren Bestand rechtlich absi-
chern. Die dritte Funktion ist die wertentscheidende Grundsatznorm, aus der her-
vorgeht, dass der Staat Ehe und Familie fördern muss (vgl. Dienel, 2002, S. 52).

Außerdem ist insbesondere Artikel 3 des Grundgesetzes zu berücksichtigen,
wenn es um familienpolitische Maßnahmen geht, weil sie beabsichtigte oder unbe-
absichtigte Rückwirkungen auf das alltägliche Geschlechterverhältnis haben. Neue
Vereinbarkeitsmodelle zielen zum einen auf angemessene berufliche Integration
von Frauen und zum anderen auf die Integration der Männer in die Familien ab.

Aus diesem Grund ist die Familienpolitik im Rahmen eines Gender Mainstreaming zu betrachten, die gleichzeitig die Gleichstellungspolitik berücksichtigt. Dieses basiert auf Artikel 3 des Grundgesetzes (vgl. Mückenberger, in: Henry-Huthmacher, 2006, S. 221f.).

Grundgesetz

I. Die Grundrechte (Art. 1-19)

Artikel 3

(1) Alle Menschen sind vor dem Gesetz gleich.

(2) Männer und Frauen sind gleichberechtigt. Der Staat fördert die tatsächliche Durchsetzung der Gleichberechtigung von Frauen und Männern und wirkt auf die Beseitigung bestehender Nachteile hin.

(3) Niemand darf wegen seines Geschlechtes, seiner Abstammung, seiner Rasse, seiner Sprache, seiner Heimat und Herkunft, seines Glaubens, seiner religiösen oder politischen Anschauungen benachteiligt oder bevorzugt werden. Niemand darf wegen seiner Behinderung benachteiligt werden.

Abbildung 4: *Artikel 3 des Grundgesetzes* (vgl. Stascheit, 2009, S. 18)

Demnach gelten in der Familienpolitik die Zielbestimmungen wie Gleichstellung, Chancengleichheit, Geschlechtergerechtigkeit oder Geschlechterdemokratie, sodass nicht nur eine müttergerechte, sondern gleichzeitig auch eine vätergerechte Familienpolitik in der Bundesrepublik Deutschland verfolgt werden muss (vgl. Stiegler, 2002, S. 15). Ferner möchten viele Väter eine möglichst ideale Kombination aus Vaterdasein und Berufstätigkeit, sodass eine entsprechende Familienpolitik erforderlich ist (vgl. Ochs/Orban, 2007, S. 12f.).

5.1 Definition und Begründung der Familienpolitik

Der Staat und andere Träger der öffentlichen Verantwortung wirken zielorientiert und geplant auf die Struktur und die Funktionen von Eltern-Kind-Gemeinschaften ein. Bei diesem Einwirken wird von Familienpolitik gesprochen. Bund, Länder und Gemeinden sind Träger familienpolitischer Maßnahmen. Des Weiteren können bestimmte Maßnahmen Tarifpartner, freie Träger sowie Initiativgruppen in Selbsthilfe angehen, die Familienbelange betreffen (vgl. Jurczyk/Wahl, in: Kreft/Mielenz, 2008, S. 290). Unter Familienpolitik lassen sich generell alle Maßnahmen verstehen, mit denen der Staat das Ziel verfolgt, das Wohlergehen von Familien positiv zu beeinflussen. Darunter werden direkte und indirekte Transfers (z. B. Kinder- und Erziehungsgeld oder steuerliche Vergünstigungen), sowie Regelungen zum Mutterschutz, Elternzeit oder Einrichtungen der Kinderbetreuung gefasst (vgl. Rürup/Gruescu, in: BMFSFJ, 2006, S. 6).

Die Familienpolitik soll die wirtschaftlichen, sozialen, kulturellen und ökologischen Lebensbedingungen von Familien sichern, unterstützen oder kompensieren. Sie ist ein Teil einer umfassenderen Gesellschaftspolitik und kann als Querschnittspolitik mit einer Einmischungsstrategie bezeichnet werden, weil Familien von unterschiedlichsten politischen und gesellschaftlichen Bereichen beeinflusst und gesteuert werden können. Demgemäß zielt Familienpolitik auf die Unterstützung von Familien und versucht, ihr bei der Erfüllung ihrer gesellschaftlichen Leistungen zum Erwerbssystem und zum Wohlfahrtsstaat Hilfestellungen zu geben (vgl. Jurczyk/Wahl, in: Kreft/Mielenz, 2008, S. 290).

Die Familienpolitik und die damit verknüpften Interventionen des Staates zu Gunsten von Familien lassen sich grundsätzlich auf drei Ebenen begründen. Die erste Ebene ist verfassungsrechtlich gestützt. In der Bundesrepublik Deutschland lässt sie sich aus den bereits dargestellten und erörterten Artikeln 3 und 6 des Grundgesetzes herleiten. Sie verankern die Pflege und Erziehung als natürliches Recht und die zuvörderst obliegende Pflicht der Eltern. Familienpolitische Verpflichtungen des Staates erwachsen gleichermaßen aus dem Schutzauftrag für Ehe und Familie und dem Gleichstellungsgebot von Frau und Mann (vgl. Rürup/ Gruescu, in: BMFSFJ, 2006, S. 6).

Des Weiteren ist Familienpolitik ökonomisch legitimiert, weil die Familie eine gesellschaftlich relevante Reproduktionsfunktion erfüllt. Dieses beinhaltet, dass durch die Generationennachfolge die Erwerbspersonenzahl erhalten wird, welche das Produktionspotential bestimmt (vgl. Jurczyk/Wahl, in: Kreft/Mielenz, 2008, S. 290).

Die gesellschaftspolitische Ebene ist die dritte Ebene, aus der sich die Familienpolitik begründen lässt. Unabhängig von der ökonomischen Ebene mit der Reproduktionsfunktion der Familien haben Familien wichtige Erziehungsaufgaben. Als wichtigste Instanz tragen sie zur Sozialisation der nachwachsenden Generationen bei. Dazu zählen zum einen die Vermittlung von Primär- und Schlüsselqualifikationen und zum anderen die Weitergabe von gesellschaftlichen Normen und Werten. Es besteht somit ein Interesse des Staates, Familien in der Wahrnehmung ihrer Sozialisationsfunktion zu unterstützen, um einen negativen Effekt durch „schlechte" Erziehung zu vermeiden (vgl. Rürup/Gruescu, in: BMFSFJ, 2006, S. 6).

5.2 Standortbestimmung der familienpolitischen Bausteine der Bundesrepublik Deutschland

Die Familienpolitik in der Bundesrepublik Deutschland ist sehr stark darauf ausgerichtet, direkte Geldtransfers zu leisten. Ein Baustein der familienpolitischen Leistungen ist u. a. das Elterngeld, welches das bisherige Erziehungsgeld ablöst. Damit sollen Eltern, die sich vorrangig selbst um die Betreuung ihres Kindes kümmern möchten, unterstützt werden (vgl. von Welser, 2007, S. 50f). Der Anspruch auf eine Elternzeit ist vom Anspruch auf Elterngeld/Erziehungsgeld und vom Geschlecht unabhängig und steht unter bestimmten Voraussetzungen den Arbeitsnehmern zu (vgl. Marburger, 2007, S. 103).

Eine der größten Ausgabepositionen der Familienförderung ist das Kindergeld. Es ist zugleich eine der umfangreichsten Leistungen vom Staat für Familien, die Kinder aufziehen und damit unterstützt werden sollen (vgl. Heuchert, 2009, S. 24). Daran gekoppelt ist das zu versteuernde Einkommen, das durch kindbezogene Freibeträge verringert wird. Zu der Steuerentlastung zählt zum Beispiel der jährliche steuerliche Kinderfreibetrag oder der Freibetrag für Betreuungs- und Erziehungs- oder Ausbildungsbedarf. Streng genommen sind die Regelungen zum Kindergeld bzw. zu den Steuervergünstigungen ein Ausgleich für die geminderte Leistungsfähigkeit von Haushalten mit Kindern. Im engeren Sinne sind die steuerlichen Maßnahmen jedoch keine familienpolitischen Maßnahmen (vgl. Neusel/Arrocha/ Meyer, 2006, S. 67ff.).

Bei den Kinderbetreuungsmöglichkeiten, die einen weiteren Baustein der Familienpolitik darstellen, ist das System in den alten Bundesländern auf die Kinderbetreuung durch Mütter in der Elternzeit ausgelegt. In den neuen Bundesländern ist dieser Baustein anders ausgeprägt und gibt den Eltern eine deutlich größere Auswahl an öffentlich finanzierten Einrichtungen und daher auch eine größere Flexibilität in der Erwerbstätigkeit (vgl. Rürup/Gruescu, in: BMFSFJ, 2006, S. 31f.).

Neben den genannten Bausteinen beinhaltet die Familienförderung weitere Ausgabenpositionen. Dazu zählen in der Bundesrepublik Deutschland: Schulen, Universitäten, die beitragsfreie Mitversicherung in der gesetzlichen Krankenkasse, das Bundesausbildungsförderungsgesetz etc. (vgl. Heuchert, 2009, S. 21).

5.3 Nachhaltige Familienpolitik

Weithin erbringen Familien in ihren unterschiedlichen äußeren Erscheinungsformen unentbehrliche Leistungen für die personale Entfaltung des Einzelnen und für den Aufbau des Humanvermögens in der Gesellschaft im Verborgenen. Aus diesem Grund geraten sie immer wieder in die Gefahr, von Politik und Öffentlichkeit als Leistungsträger vergessen zu werden. Dieses steht im Gegensatz zu der Tatsache, dass die Familie einen Schlüsselwert für die Gesellschaft darstellt. Wichtig ist daher, eine problemangemessene Familienpolitik im Sinne einer nachhaltigen Familienpolitik durchzuführen (vgl. Wingen, in: Mückl, 2002, S. 71).

Die Grundkonzeption der heute von der Politik anzustrebenden nachhaltigen Familienpolitik unterscheidet sich in der Grundkonzeption von der konservativ definierten Familienpolitik, welche die Geburtenratenerhöhung mit einer Reduktion der Frauenerwerbstätigkeit kombinierte. Nachhaltige Familienpolitik soll die Beteiligung von Müttern am Erwerbsleben verbessern und dadurch die Familien- bzw. Kinderarmut abbauen. Es sollen daher nicht nur, wie nach den traditionellen Vorstellungen, finanzielle Transfers an die Familien geleistet werden (vgl. Gruescu/ Rürup, in: Bundeszentrale für politische Bildung, 2005, S. 3). Die Aufgabe der Familienpolitik besteht darin, die wirtschaftlichen aber auch sozialen und kulturellen Rahmenbedingungen für eine möglichst gute Leistungsentfaltung der Familien zu schaffen und auf Dauer zu sichern. Hier wird deutlich, dass nicht nur der soziale Ausgleich und die familiäre Freiheit von Bedeutung ist, sondern auch die Nachhaltigkeit und die Verlässlichkeit. Die Aufgaben lassen sich auf verschiedene Aufgabenbereiche konkretisieren. In der Binnenstruktur von Familien müssen wichtige Grundlagen für eine Beziehungsordnung der Familienmitglieder geschaffen werden. Die familienrechtliche Gestaltung muss dennoch die Intimsphäre der Familien schützen, beachten und den Schutz der schwächsten Glieder (oft Kinder oder Frauen) in der Familie berücksichtigen (vgl. Bellermann, 2008, S. 192). *„Familienpolitik als gesellschaftliche Ordnungspolitik muß auf der einen Seite die unterschiedlichen Formen familialen Zusammenlebens sehen und darf nicht einzelne Formen ausgrenzen"* (Wingen, in: Mückl, 2002, S. 72). Daher fällt nicht nur die eheliche, sondern auch die nichteheliche Familie unter den besonderen Schutz der staatlichen Ordnung, die die Veränderung des Verhältnisses von Mann und Frau in der familiären Struktur berücksichtigen muss (vgl. Wingen, in: Mückl, 2002, S. 73). Familienpolitik muss dafür sorgen, dass sich die Familie von dem übrigen gesellschaftlichen Raum nicht abkapselt, sondern sich in ihm entfalten kann. Die Entfaltung ist mit einer Familienbildungspolitik verbunden, die rechtliche und kulturelle Rahmenbedingungen schafft. Es gilt der Grundsatz, dass eine „gesellschaftsfähige", eine „familienfähige" Gesellschaft mit familienorientierten Leistungsangeboten voraussetzt. Es darf nicht außer Acht gelassen werden, dass die Ordnung des Verhältnisses von Kinderhaben und der Beteiligung am Erwerbsarbeitsleben bedeutsam ist. Die Vereinbarkeit von unterschiedlichen Rollenanforderungen, sowohl der

66

Frau als Mutter, als auch des Mannes als Vater, ist zu fördern. Dieses knüpft an eine ausreichende Familienorientierung der Erwerbsarbeitswelt. Die Familienpolitik muss daher die individuellen Lebensentwürfe gleichermaßen lebbar machen (vgl. Thüsing/Becker-Stoll/Klös, in: BMFSFJ, 2011, S. 8).

Ferner muss die Politik eine familiengemäße Einkommensgestaltung im Auge behalten und drei Dimensionen (Steuer-, Bedarfs- und Leistungsgerechtigkeit) beachten. Bedeutsam ist die Sicherstellung eines familiengerechten Wohnens mit entsprechendem Wohnumfeld, da die Wohnbedingungen die Basis der Familien sind (vgl. Wingen, in: Mückl, 2002, S. 74).

Zum Profil der Familienpolitik gehört des Weiteren die Gewährleistung von familienbezogenen Bildungs- bzw. Beratungseinrichtungen und sozialen Diensten. Sie müssen sich an den unterschiedlichen Entwicklungsphasen von Ehen und Familien orientieren und ihnen Hilfestellungen bieten (vgl. Bellermann, 2008, S. 192ff.).

Insgesamt ist festzuhalten, dass eine effiziente Familienpolitik wirksam wird, wenn die verschiedenen Maßnahmen ineinander greifen. Einzelne Maßnahmen entfalten sich und wirken erst als Bestandteil eines integrativ geplanten Familienpolitikprofils mit Bündeln systematisch aufeinander abgestimmter Einzelmaßnahmen. Eine moderne (nachhaltige) Familienpolitik beinhaltet daher dieses Systemwissen (vgl. Wingen, in: Habisch, 2004, S. 114f.).

5.4 Familienpolitische Profile zur Vereinbarkeit von Familie und Beruf

Die Problematik der Vereinbarkeit von Familie und Beruf ist vor dem Hintergrund des ökonomischen, sozialstrukturellen und demographischen Wandels in den Mittelpunkt der Familienpolitik gerückt. Das traditionelle Bild der nichterwerbstätigen, sich ganz der Familie und der Erziehung der Kinder widmenden Hausfrau sowie des rein berufstätigen Mannes entspricht weder den Lebensplänen der Geschlechter, noch der gesellschaftlichen Realität. Zum einen möchten Frauen berufstätig und zum anderen Männer aktive Väter sein, sodass die familienpolitischen Profile zur Vereinbarkeit von Familie und Beruf von großer Relevanz sind (vgl. Bäcker/Naegele/Bispinck, S. 2008, S. 322). Zu berücksichtigen ist, dass die Vereinbarkeit von Familie und Beruf ein besonders komplexer Bereich der Familienpolitik ist, weil die unterschiedlichen Politikziele noch stärker als in anderen Feldern miteinander konkurrieren und sich je nach Sichtweise ganz unterschiedliche Bewertungsmaßstäbe finden lassen. Die Vereinbarkeit von Familie und Erwerbsleben kann aus arbeitsmarkt-, kinder-, familien- oder frauenpolitischer Sicht betrachtet werden. Je nach Betrachtungsweise werden Maßnahmen in ihrer Bedeutung stärker gewichtet oder eher vernachlässigt, wie die Abbildung 5 zeigt (vgl. Dienel, 2002, S. 128).

	Elternzeit/Erziehungsurlaub	Kindertagesbetreuung
familienpolitische Ausrichtung	mindestens drei Jahre, mit geringem finanziellen Ausgleich (Zuverdienst-Charakter)	subsidiär, halbtags, Besuch freiwillig
kinderpolitische Ausrichtung	flexible Verteilung zwischen beiden Eltern	möglichst hohe pädagogische Qualität, Wahrnehmung des Bildungsauftrags
gleichstellungs- politische Ausrichtung	kurz (max. ein Jahr) und mit vollem Lohnausgleich	bedarfsgerechte Verfügbarkeit von Plätzen und lange Öffnungszeiten
arbeitsmarkt- politische Ausrichtung	langer Erziehungsurlaub mit einge- schränktem Kündigungsschutz und ohne Wechselmöglichkeiten zwischen den Partnern	lange, flexible Öffnungszeiten

<u>Abbildung 5</u>: *Unterschiedliche Anforderungen an die Vereinbarkeit von Familie und Beruf für unterschiedliche politische Schwerpunktsetzungen* (vgl. Dienel, 2002, S. 128)

Es können verschiedene familienpolitische Profile unterschieden werden und zwar je nachdem, welches Verhältnis zwischen der Förderung der Berufstätigkeit von Frauen und dem Gewicht von staatlichen Transfers an Familien besteht. Des Wei- teren werden ökonomische (durch Transfers), ökologische (Gestaltung der Rah- menbedingungen) und rechtliche Interventionsmaßnahmen der Familienpolitik un- terschieden. Die ökonomischen und die ökologischen Interventionsmaßnahmen lassen sich in einer Matrix aufeinander beziehen. Aus diesem Bezug ergeben sich vier mögliche familienpolitische Profile (vgl. Strohmeier/Strohmeier/Schulze, in: Ministerium für Generationen, Familie, Frauen und Integration des Landes Nord- rhein-Westfalen, 2006, S. 24f.).

ökonomische Intervention	ökologische Intervention	
	Unterstützung der Erwerbs-tätigkeit beider Eltern durch Kinderbetreuung	Beschränkung der Erwerbs-tätigkeit beider Eltern durch fehlende Kinderbetreuung
wirksamer Familienlasten-ausgleich, dadurch geringere Notwendigkeit der Erwerbs-tätigkeit beider Eltern	Profil A (z. B. Frankreich)	Profil B (z. B. Bundesrepublik Deutschland)
kein wirksamer Familienlas-tenausgleich, dadurch Not-wendigkeit der Erwerbstätig-keit beider Eltern	Profil C (z. B. Schweden)	Profil D (z. B. Großbritannien)

Abbildung 6: *Familienpolitische Profile* (vgl. Dienel, 2002, S. 129)

In Profil A werden große Wahlmöglichkeiten für Eltern geschaffen, sodass sie sich frei zwischen verschiedenen Modellen der Vereinbarkeit von Familie und Erwerbs-leben entscheiden können. Dagegen beschränkt das Profil B die Wahlmöglichkei-ten, weil die Option gleichzeitiger Berufstätigkeit durch die Rahmenbedingungen erschwert ist, aber auch nicht ökonomisch erzwungen wird. Zwar kann in Profil C nicht von einem wirksamen Familienlastenausgleich gesprochen werden, allerdings werden durch universale Berufstätigkeit die negativen Folgen für das Familienein-kommen ausgeglichen. Indessen bringt das Profil D Familien in eine Zwangssitua-tion ohne eindeutige Lösungsmöglichkeiten. Die Bundesrepublik Deutschland scheint sich durch einige Reformen langsam in Richtung des Profils A zu bewegen und damit ihre familienpolitischen Ansprüche auf Realisierung von Wahlfreiheit für Familien einzulösen (vgl. Dienel, 2002, S. 129).

5.5 Vergleich der europäischen Familienpolitik

Die einzelnen europäischen Staaten haben entsprechend den jeweiligen länderspe-zifischen Gegebenheiten und Traditionen unterschiedliche Ausrichtungen und Schwerpunkte in der Familienpolitik entwickelt. Die Modelle der verschiedenen familienpolitischen Richtungen orientieren sich an den unterschiedlichen Ausprä-gungen sozialstaatlicher Prinzipien. Demzufolge könnten aus dem Vergleich der europäischen Familienpolitik Aspekte u. a. in Bezug auf das Gender Mainstrea-ming bzw. einer mütter- und vätergerechten Familienpolitik hervorgehen, die in der Familienpolitik der Bundesrepublik Deutschland genutzt werden könnten (vgl.

Strohmeier/Strohmeier/Schulze, in: Ministerium für Generationen, Familie, Frauen und Integration des Landes Nordrhein-Westfalen, 2006, S. 20).

5.5.1 Typologien von Familienpolitik

Die einzelnen europäischen Staaten haben unterschiedliche Ausrichtungen und Schwerpunkte in der Familienpolitik aufgrund der jeweiligen länderspezifischen Gegebenheiten und Traditionen entwickelt. Die Modelle sind mit den Ausprägungen sozialstaatlicher Prinzipien eng verknüpft. Der vorherrschende Typus der Familie, welcher die Rolle des Mannes als Alleinverdiener gewichtet oder auf partnerschaftliche Teilung der Arbeit setzt, beeinflusst dabei die Modelle. Daraus lassen sich folgende Typologien von Familienpolitik für Europa aufstellen (vgl. Rürup /Gruescu, in: BMFSFJ, 2006, S. 7). Das französische Modell unterstützt mit pronatalistischer Ausrichtung die Erwerbstätigkeit der Frauen. Familienpolitik wird als Bevölkerungspolitik angesehen und das Geburtenverhalten durch Transferzahlungen positiv beeinflusst. Ein weiterer Schwerpunkt wird auf die Kinderbetreuungsmöglichkeiten gelegt, um Erwerbstätigkeit mit der Familie vereinbar zu machen (vgl. Strohmeier/Strohmeier/Schulze, in: Ministerium für Generationen, Familie, Frauen und Integration des Landes Nordrhein-Westfalen, 2006, S. 22f.).

Das angelsächsische Modell sieht die Familie als Privatangelegenheit an. Es enthält hauptsächlich Elemente der Armutspolitik und führt keine Interventionen aus. Hinzu kommt, dass die Erwerbstätigkeit von Müttern weder erschwert noch gefördert wird. Das skandinavische Modell hat gegenüber den anderen Modellen eine starke Gleichheitsorientierung der Geschlechter und unterstützt primär erwerbstätige Eltern (sowohl die Mutter, als auch den Vater). Dazu gehören großzügige Transferzahlungen im Erziehungszeitraum und ein guter Kinderbetreuungsausbau (vgl. Rürup/Gruescu, in: BMFSFJ, 2006, S. 7).

Das germanische bzw. deutsche Modell transferiert relativ viel Geld an Familien. Es unterstützt aber weniger die Vereinbarkeit von Erwerbstätigkeit und einer Realisation von Kinderwünschen. Ferner gibt es hybride Formen wie das südeuropäische Modell, die eine Kombination aus angelsächsischem und germanischem bzw. deutschem Modell sind. Darin vermischt sich die Abwesenheit von Familienpolitik und der Bedeutung subsidiärer privater Arrangements (vgl. Strohmeier/Strohmeier/Schulze, in: Ministerium für Generationen, Familie, Frauen und Integration des Landes Nordrhein-Westfalen, 2006, S. 23).

Die Höhe der Einkommenstransfers und das Angebot an ausgebauter Infrastruktur bezüglich der Kinderbetreuung stellen die zentralen Unterscheidungsmerkmale dieser Typen der Familienpolitik dar. Vereinfacht lässt sich eine Matrix aufstellen, welche die zwei Dimensionen kombiniert (vgl. Abbildung 6 *Familienpolitische Profile*). Dabei werden hohe Einkommenstransfers und eine relativ gut ausgebaute Kinderbetreuung als Anreiz definiert. Eine Restriktion ergibt sich aus geringen Einkommenstransfers und fehlender Kinderbetreuung. Anhand dieser vereinfachten Veranschaulichung lassen sich zwar familienpolitische Strategien ableiten, aber beispielsweise eine demographische Entwicklung nicht erklären (vgl. Rürup/ Gruescu, in: BMFSFJ, 2006, S. 8).

5.5.2 Familienpolitik in anderen europäischen Ländern

In anderen europäischen Ländern hat die Politik rechtzeitig richtig gehandelt. So nahmen beispielsweise in den Ländern Schweden, Dänemark, Frankreich und Großbritannien die Zahl der Geburten genauso zu wie die Zahl der Frauen, die Beruf und Familie vereinbaren können. Primärer Faktor für diesen Unterschied ist eine andere Einstellung zu Frauen und zum Frauenleben. In ihrer Familienpolitik halten sie an einer konsequenten Gleichstellung der Geschlechter fest. In ihr wird gleichermaßen auf Anreize für Männer und Frauen gesetzt (vgl. von Welser, 2007, S. 126f.).

Die skandinavischen Länder zeigen, dass eine stärkere Erwerbsbeteiligung von Frauen mit einer höheren Geburtenrate einhergeht. Außerdem zeigen weitere europäische Länder, dass sich Investitionen in die öffentliche Infrastruktur zur Kinderbetreuung mehr rechnen, als direkte Geldleistungen in die Familien (vgl. Jenter/ Morgenstern/Wilke, in: Bundeszentrale für politische Politik, 2003, S. 3). Der liberale Wohlfahrtsstaat, wozu Großbritannien gehört, und der sozialdemokratische Wohlfahrtsstaat, wofür die skandinavischen Länder und ansatzweise Frankreich stehen, betrachten Frauen neutral als Arbeitnehmerinnen. Deutschland hat hingegen ein konservatives Wohlfahrtsstaatprinzip, in dem die Frau höchstens als Zuverdienerin angesehen wird (vgl. Pinl, in: Bundeszentrale für politische Bildung, 2003, S. 6).

Ferner liegt Deutschland im Bereich des Kinderbetreuungsangebots hinter den meisten anderen europäischen Ländern zurück und besitzt einen sehr hohen Anteil an privater Familienarbeit. Besonders im Bereich der Kleinkindbetreuung besteht eine länderspezifische Variationsbreite der Kleinkinder, die öffentliche Einrichtungen besuchen oder nicht (vgl. Veil, in: Bundeszentrale für politische Bildung, 2003, S. 12). Das Engagement der Arbeitgeber in der Kinderbetreuung ist in Ländern mit einer gut ausgebauten staatlichen Förderung gering. In Deutschland hingegen sind die Arbeitgeber gefordert, Defizite in Angebot öffentlicher Einrichtungen durch zusätzliche Programme zu kompensieren (vgl. Veil, in: Bundeszentrale für politische Bildung, 2003, S. 13f.).

In den nordeuropäischen Ländern und Frankreich sind die Leistungen viel stärker individuell konzentriert. Die Sozialleistungen für junge Erwachsene sind unabhängig von den Einkommen der Eltern, um jungen Erwachsenen frühzeitig die Chance zur Selbständigkeit zu geben. In Deutschland bekommen die Eltern staatliche Unterstützung. Ihre Kinder werden daher nicht direkt als Individuen, sondern als Mitglied der Herkunftsfamilien unterstützt (vgl. Bertram/Rösler/Ehlert, in: Bundeszentrale für politische Bildung, 2005, S. 9f.).

Die Hauptaspekte des familienpolitischen Erfolgs in den anderen europäischen Ländern (besonders in den skandinavischen Ländern, Großbritannien und Frankreich) basieren auf dem Gender Mainstreaming. Genauer gesagt, auf der Frauen- und Männerförderung. In diesen Ländern stellt die Gleichstellung der Geschlechter ein hohes Gut dar. *„Zusammen mit einem stabilen Geburtenniveau und vor dem Hintergrund umfassender und hochwertiger Kinderbetreuung bildet sie das keineswegs große Geheimnis des Erfolgs"* (von Welser, 2007, S. 128).

5.5.3 Erforderliche Veränderungen in der deutschen Familienpolitik

Der europäische Vergleich zeigt, dass eine erfolgreiche Familienpolitik die Vereinbarkeit von Familie und Beruf für beide Geschlechter fördert und demnach die Aspekte des Gender Mainstreaming berücksichtigt. Eines der zentralen Mittel ist eine verlässliche öffentliche Kinderbetreuung. Das Elterngeld muss daher mit einem Ausbau der Kinderbetreuung einhergehen, damit es als wichtiger Baustein einer lebensnahen Familienpolitik greift (vgl. von Welser, 2007, S. 53). Es kann nämlich nicht im luftleeren Raum wirken, sondern muss für den gewünschten Erfolg mit einer eltern- und kindgerechten Infrastruktur und flexiblen bzw. familienorientierten Arbeitszeiten unterstützt werden (vgl. Gruescu/Rürup, in: Bundeszentrale für politische Bildung, 2005, S. 6). Damit könnten Ehefrauen und Müttern echte Chancen an der Teilhabe am gesellschaftlichen und wirtschaftlichen Leben erhalten (vgl. Lampert, in: Mückl, 2002, S. 109).

Die Verteilungsstruktur staatlicher familienpolitischer Ausgaben muss geändert werden, da die hohen Transferleistungen nicht die gewünschten Wirkungen erbringen. Vielmehr sollte das familienpolitische Budget eine weniger starke Transferorientierung aufweisen und mehr für erforderliche Dienstleistungen und die Infrastruktur der Betreuungsmöglichkeiten verwendet werden (vgl. Rürup/Gruescu, in: BMFSFJ, 2006, S. 35f.).

Hinsichtlich der Elternzeit besteht ebenfalls Änderungsbedarf. Die deutsche Regelung ist zurzeit so gestaltet, dass es für das Elternteil mit dem höheren Einkommen unattraktiv ist, die Elternzeit in Anspruch zu nehmen, da die Familien meist auf das Geld angewiesen sind (vgl. Pütz/Riegert, 2002, S. 103ff.). Seit Januar 2007 wirbt die Bundesregierung für die so genannten Papamonate. Hinsichtlich der neuen Leitbilder von Männern und Frauen ist das Werben um Väter, die Elternzeit nehmen sollen, zu begrüßen. Diesbezüglich besteht jedoch Änderungsbedarf, weil dennoch viele Selbstverständlichkeiten und Normalitäten des hegemonialen Geschlechterdiskurses weiter transportiert werden. Beispielsweise wird die sequentielle Teilung der Elternzeit propagiert, jedoch bleibt die grundsätzliche Zuständigkeit der Mutter insbesondere für die Babyzeit unhinterfragt (vgl. Ehnis, 2009, S. 277f.). Die Entwicklung sollte dahin gehen, dass die Eltern immer dann in Elternzeit gehen können, wenn die Familie in eine familienintensive Phase eintritt, d. h. nicht nur bei Geburt, sondern beispielsweise auch bei Schuleintritt des Kindes oder bei einem notwendigen Wechsel einer Fremdbetreuung (vgl. Rost, in: Werneck/Beham/Palz, 2006, S. 162).

An diesen Stellen muss die nachhaltige Familienpolitik greifen und diese Unklarheiten beseitigen und zudem die Alternative „Betreuung" oder „mehr Geld" im Denken und Handeln auflösen. Darüber hinaus muss aus politischer Sicht zum einen die aktive Vaterschaft noch stärker gefördert werden und zum anderen aus der bipolaren Haltung eine anspruchsvolle Kombination entstehen, welche die Kategorien Infrastruktur, Zeit und Geld optimal mit Angeboten füllt und sich an dem Bewährten der anderen Länder orientiert (vgl. Bertram/Rösler/Ehlert, in: Bundeszentrale für politische Bildung, 2005, S. 18f.).

5.6 Zusammenfassung

Die gesamte Familienpolitik basiert zum einen auf Artikel 6 und zum anderen auf Artikel 3 des Grundgesetzes der Bundesrepublik Deutschland. Aus Artikel 6 ergeben sich das Abwehr- bzw. Freiheitsrecht, die Institutionsgarantie und die wertentscheidende Grundsatznorm der Ehe und Familie. Die familienpolitischen Maßnahmen, mit denen der Staat durch direkte und indirekte Transfers das Ziel verfolgt, das Wohlergehen von Familien positiv zu beeinflussen und ihre wirtschaftlichen, sozialen, kulturellen und ökologischen Lebensbedingungen zu sichern, müssen unter Berücksichtigung des Artikels 3 getroffen werden, um im Rahmen eines Gender Mainstreaming auch gleichzeitig eine Gleichstellungspolitik umzusetzen. An dieser Stelle entsteht neben einer müttergerechten Familienpolitik der Begriff einer vätergerechten Familienpolitik, weil die Zielbestimmungen wie Gleichstellung, Chancengleichheit, Geschlechtergerechtigkeit oder Geschlechterdemokratie für beide Geschlechter verfolgt werden müssen.

Die aktuelle Familienpolitik ist stark auf direkte Leistungen ausgerichtet. Das belegt das Kindergeld als die größte Ausgabeposition der Familienförderung. Die anderen familienpolitischen Bausteine sind daher noch entwicklungsfähig bzw. verbesserungswürdig. Durch die hohe gesellschaftliche Bedeutung von Familien ist der Staat in der Pflicht, dieses in Form einer nachhaltigen Familienpolitik umzusetzen. Dazu, d. h. zu einer modernen (nachhaltigen) Familienpolitik, gehört ein bestimmtes Systemwissen: eine effiziente Familienpolitik wird wirksam, wenn die verschiedenen Maßnahmen ineinander greifen. Erst als Bestandteil eines integrativ geplanten Familienpolitikprofils mit Bündeln systematisch aufeinander abgestimmter Einzelmaßnahmen entfalten sich und wirken die einzelnen Maßnahmen.

Vor dem Hintergrund des ökonomischen, sozialstrukturellen und demographischen Wandels ist die Problematik der Vereinbarkeit von Familie und Beruf in den Mittelpunkt der Familienpolitik gerückt. Frauen möchten nicht mehr reine Hausfrauen sein und Männer möchten als aktive Väter in der Familie mitwirken.

Es gibt verschiedene familienpolitische Profile zur Vereinbarkeit von Familie und Beruf. Die dazugehörigen ökonomischen und ökologischen Maßnahmen lassen sich in einer Matrix darstellen. Zugleich ergeben sich aus diesem Bezug vier mögliche familienpolitische Profile (Profile A-D). Die Flexibilitätsspanne erstreckt sich von einer Vielzahl an Wahlmöglichkeiten für Eltern (Profil A) bis hin zu einer Zwangssituation ohne eindeutige Lösungsmöglichkeiten (Profil D). Die Bundesrepublik Deutschland scheint sich langsam in Richtung des Profils A zu bewegen und damit ihre familienpolitischen Ansprüche auf Realisierung von Wahlfreiheit für Familien einzulösen.

Jedoch zeigt ein Vergleich der europäischen Familienpolitik, dass noch Handlungs- und Änderungsbedarf besteht. Zwar muss berücksichtigt werden, dass die einzelnen Staaten entsprechend der jeweiligen länderspezifischen Gegebenheiten und Traditionen unterschiedliche Ausrichtungen und Schwerpunkte haben, sodass man sie nicht immer eins zu eins übernehmen kann, jedoch kann man ggf. Teilbereiche nutzen und umsetzen. Demnach zeigt der europäische Vergleich, dass eine erfolgreiche Familienpolitik die Vereinbarkeit von Familie und Beruf für beide Geschlechter fördert und damit die Aspekte des Gender Mainstreaming berücksichtigt.

Bezüglich der aktiven Väter in der Familie ist die Elternzeit ein zentrales Thema. Zurzeit ist die deutsche Regelung so gestaltet, dass es sich für das Elternteil mit dem höheren Einkommen nicht lohnt, die Elternzeit in Anspruch zu nehmen. Außerdem sind viele Familien auf den Arbeitslohn des Vaters angewiesen, wenn zudem beispielsweise die Frau „nur" Zuverdienerin ist. Darüber hinaus bleibt bei diesen Diskussionen die grundsätzliche Zuständigkeit der Mutter insbesondere für die Babyzeit unhinterfragt. Eher werden Selbstverständlichkeiten und Normalitäten des vorherrschenden Geschlechterdiskurses weiter getragen. Dennoch möchten viele Männer eine möglichst ideale Kombination aus Vaterdasein und Berufstätigkeit, sodass eine (flexible) Elternzeit auch für sie deutlich an Relevanz gewinnt.

Eine nachhaltige Familienpolitik muss daher diese Unklarheiten beseitigen. In den Fokus muss die aktive Vaterschaft rücken und neue Denkmuster und Denkprozesse auslösen. Sie muss noch stärker gefördert werden. Des Weiteren kann mit Hilfe des Gender Mainstreaming aus der bipolaren Haltung der Geschlechter eine anspruchsvolle Kombination entstehen, die die Kategorien Infrastruktur, Zeit und Geld optimal mit Angeboten füllt und sich an dem Bewährten der anderen Länder orientiert.

Eine vätergerechte Familienpolitik stellt daher die aktive Vaterschaft und die Berufstätigkeit der Frau in den Mittelpunkt der Belange. Sie versucht, die familien- und gleichstellungspolitischen Ziele zu erreichen, indem sie das Potential der neuen Väter erkennt und nutzt und u. a. versucht, die Väter noch besser in die Elternzeit zu integrieren. Damit gehen nicht nur positive Effekte für die Männer einher, sondern auch für die Frauen, sowie insgesamt für die Familien und demnach auch für die Gesellschaft.

6. Väter in Elternzeit

Seit den letzten Jahren wächst das Vaterthema immer stärker. Zunächst befasste sich die Väterforschung mit den Folgen von abwesenden Vätern. Die Qualität der Vater-Kind-Beziehung steht erst seit den 1980er Jahren im Zentrum der Forschung. Dabei zeigt sich, dass sich das Engagement der Väter in den letzten Jahrzehnten äußerst positiv verändert hat. Um nicht komplett die empirischen Daten vorwegzunehmen, aber dennoch eine richtungweisende Entwicklung darzustellen, ist festzuhalten, dass sich ein Drittel der Väter vorstellen kann, in Karenz zu gehen. Die Elternzeit, die mit dem Elterngeld verbunden ist, ist eine von mehreren familienpolitischen Maßnahmen, die demzufolge in den Vordergrund rückt (vgl. Brauner, in: Werneck/Beham/Palz, 2006, S. 52). Die Elternzeit stärkt den familiären Zusammenhalt. Immer mehr Väter entscheiden sich für die Elternzeit und nehmen sich damit nach der Geburt eines Kindes Zeit für Verantwortung. Die gesetzlichen Regelungen sind die Grundlage, diese gewünschte Zeit auch beim Arbeitgeber einzufordern. Insbesondere sind die Väter in Elternzeit ein äußerst relevanter Aspekt, der durch die angesprochene Entwicklung eine Berücksichtigung finden muss (vgl. Schröder, in: BMFSFJ, 2012, S. 3).

Daran ist die Genderthematik zu knüpfen, weil sich die traditionelle Rollenaufteilung zwischen Mann und Frau bzw. Vater und Mutter aufzulösen vermag (vgl. Engster, 2006, S. 19f.). Je mehr die emanzipierte Frau bei einem Kind erwarten muss, die traditionelle Rolle der Mutter auszuüben, desto eher entscheidet sie sich gegen ein Kind. Zudem würde im Falle eines Kindes mit einer traditionellen Rollenauslegung eine Unzufriedenheit aufkommen und die Situation in der Familie verschärfen. Aus diesen Gründen ist ein stärkeres Engagement der Väter erforderlich. Dadurch würde sich die Situation in der Familie verbessern. Indirekt würde es einen positiven Einfluss auf die Geburtenzahlen nehmen. Im Bewusstsein von vielen Männern ist die Familiengründung eine Schlüsselphase. In dieser Phase wird ihnen bewusst, dass sie ihr Leben ändern müssen, weil sie Zeit für ihr Kind brauchen. Die Ausgewogenheit zwischen Beruf und Familie, die unter das Schlagwort des Work-Life-Balance fällt, rückt dabei in den Vordergrund (vgl. Brauner, in: Werneck/Beham/Palz, 2006, S. 54). Beim Übergang zur Vaterschaft brauchen viele Väter unterstützende Rahmenbedingungen und zugleich eine väterfreundliche Gesellschaft, um in diese neue Rolle hinein wachsen zu können (vgl. Engster, 2006, S. 19f.). Wissenschaft, Politik und auch Gesellschaft sind der Meinung, unabhängig ob aus der Männer-, Frauen- oder Kinderperspektive, dass sich Väter in der Familie noch stärker engagieren sollten. Insgesamt betrachtet ist daher eine aktive Väterförderung durch die Elternzeit erforderlich (vgl. Brauner, in: Werneck/Beham/ Palz, 2006, S. 54).

6.1 Grundlagen zur Elternzeit

Die Elternzeit und mit inbegriffen das Elterngeld ist die wichtigste Reform der letzten Jahrzehnte, die in den europäischen Ländern umgesetzt werden musste. Aufgrund einer erlassenen Richtlinie zu Elternzeit und Elterngeld durch den Rat der Europäischen Union, mussten die Mitgliedsstaaten der Europäischen Union die erforderlichen Rechtsvorschriften für bezahlte Elternzeit erlassen (vgl. von Bresinski/Walter, in: BMFSFJ, 2011, S. 8).

Das Kinderkriegen selbst ist naturgegeben Frauensache und in dieser Zeit müssen die Frauen besonders geschützt werden. Dieser besondere Schutz ergibt sich aus dem Mutterschutzgesetz. Es hat die Aufgabe, die Mutter vor Gefahren, Überforderung und Gesundheitsschädigungen am Arbeitsplatz zu schützen. Daher regelt es den besonderen Schutz vor gefährlichen Arbeitsbedingungen in der Schwangerschaft und die Möglichkeit für Frau, sich nach der Geburt ausreichend zu erholen, bevor sie wieder arbeiten muss. Da Väter naturbedingt nicht schwanger werden können und nicht gebären, gibt es ein derartiges Vaterschutzgesetz nicht. Jedoch stehen alle weiteren Regelungen, wie beispielsweise die Elternzeit, in anderen Gesetzen und gelten sowohl für Mütter als auch für Väter (vgl. Bäcker/Naegele/ Bispinck, S. 2008, S. 72f.).

Sowohl von der Frau als auch von dem Mann kann die Kindererziehung ausgeübt werden. Damit diese Elternaufgabe ebenfalls von Berufstätigen erfüllt werden kann, hat die Legislative eingegriffen. Der Gesetzgeber hat ein Gesetz zum Elterngeld und zur Elternzeit (Bundeselterngeld- und Elternzeitgesetz kurz BEEG, früher: Bundeserziehungsgeldgesetz kurz BErzGG) erlassen (vgl. Wetter, 2009, S. 43). Das Elterngeld steht im Zusammenhang mit der Elternzeit, weil es Müttern und Vätern die Entscheidung für eine berufliche Auszeit nach der Geburt erleichtert. Es wird ein Schonraum geschaffen, um füreinander da zu sein und sich intensiv um das Kind zu kümmern (vgl. Schröder, in: BMFSFJ, 2012, S. 3).

Das ursprüngliche Erziehungsgeld, für welches das BErzGG Rechtsgrundlage war, galt für Eltern von bis zum 31.12.2006 geborenen Kindern sowie für gleichgestellte Personen. Die von den Landesregierungen bestimmten Behörden waren Träger. Es wurde aus den Steuermitteln finanziert und bis längstens zum zweiten Geburtstag des Kindes, abhängig vom Einkommen der Berechtigten, ausbezahlt. Für ab dem 01.01.2007 geborene Kinder besteht Anspruch auf Elterngeld. Die Rechtsgrundlage ist das BEEG und die Träger sind weiterhin die von den Landesregierungen bestimmten Behörden. Wie bereits angesprochen zählen zum anspruchsberechtigten Personenkreis, Eltern von ab dem 01.01.2007 geborenen Kindern sowie gleichgestellte Personen. Die Leistungen sind durch Steuermittel finanziert und werden bis längstens zum 14. Lebensmonat des Kindes ausgezahlt (vgl. Sienknecht, 2008, S. 87f.). Ein Elternteil kann diese Leistung für mindestens zwei Monate und höchstens zwölf Monate beziehen. Die vollen 14 Monate können durch die Inanspruchnahme von so genannten „Partnermonaten" ausgeschöpft werden, d. h. wenn der andere Elternteil für mindestens 2 Lebensmonate des Kindes auf einen Teil seines Erwerbseinkommens verzichtet. Außerdem können Vater und Mutter das Elterngeld sowohl abwechselnd als auch gleichzeitig beziehen. Allerdings reduziert sich bei gleichzeitigem Bezug die Zeit der Inanspruchnahme entsprechend, sodass beispielsweise die vollen 14 Monate ausgeschöpft werden, wenn beide Eltern in den ersten sieben Monaten Elterngeld gleichzeitig beziehen (vgl. Krieger/Wolff, in: Statistisches Bundesamt, 2011, S. 4).

Grundsätzlich beträgt das Elterngeld 67 % des wegfallenden monatlich durchschnittlichen Nettogehalts der letzten zwölf Monate vor der Geburt des Kindes. Elterngeld kann sich bei einem maßgebenden Einkommen von weniger als 1.000,00 EUR monatlich auf bis zu 100 % erhöhen oder, wie auf der nächsten Seite in der Abbildung 7 dargestellt ist, auf weniger als 67 % sinken, da per 01.01.2011 einige Änderungen in Kraft getreten sind.

Beispiele (unabhängig von möglichen zusätzlichen Unterstützungen):
Nettoeinkommen vor der Geburt = 1.240,00 EUR → 65 % Ersatzrate
Nettoeinkommen vor der Geburt = 1.220,00 EUR → 66 % Ersatzrate
Nettoeinkommen vor der Geburt zwischen 1.000,00 EUR und 1.200,00 EUR → 67 % Ersatzrate

Abbildung 7: *Elterngeldberechnungen* (vgl. BMFSFJ, 2012a, S. 12)

Seither kann für Nettoeinkommen über 1.200,00 EUR die Ersatzrate bis auf 65 % sinken. Der Sockelbetrag bzw. das Mindestelterngeld beträgt weiterhin 300,00 EUR und der Höchstbetrag liegt ebenfalls wie vor 2011 bei 1.800,00 EUR (vgl. BMFSFJ, 2012a, S. 12). Des Weiteren entfällt seit Beginn 2011 für Elternpaare der Elterngeldanspruch, wenn sie im Kalenderjahr vor der Geburt des Kindes gemeinsam ein zu versteuerndes Einkommen von über 500.000,00 EUR (Alleinerziehende

250.000,00 EUR) hatten (vgl. Krieger/Wolff, in: Statistisches Bundesamt, 2011, S. 4).

Auch Selbstständigen steht Elterngeld zu. Es errechnet sich bei ihnen aus dem entfallenden Gewinn nach Abzug der darauf entfallenden Steuern zum jeweiligen Prozentsatz von 65 bzw. 67 %. Bei Geringverdiener kann hier auch ein Betrag von bis zu 100 % ersetzt werden (vgl. BMFSFJ, 2012a, S. 23).

Zu beachten ist, dass nun auch das Elterngeld beim Arbeitslosengeld II, bei der Sozialhilfe und beim Kinderzuschlag vollständig als Einkommen angerechnet wird. Dies betrifft ebenfalls den Mindestbetrag von 300,00 EUR. Jedoch erhalten alle Elterngeldberechtigten, die Arbeitslosengeld II, Sozialhilfe oder Kinderzuschlag beziehen und vor der Geburt des Kindes erwerbstätig waren, ab dem 01.01.2011 einen Elterngeldfreibetrag. Bei den genannten Leistungen bleibt damit das Elterngeld weiterhin anrechnungsfrei und steht somit zusätzlich zur Verfügung (vgl. Krieger/Wolff, in: Statistisches Bundesamt, 2011, S. 5).

Das BEEG kommt sowohl für Männer wie für Frauen gleichermaßen zur Anwendung. Die Zahl der Männer, die sich in den ersten Lebensmonaten/-jahren ihres Kindes um die Erziehung und den Haushalt kümmern wollen und können, wächst (vgl. Wetter, 2009, S. 43). Nur wer keine oder keine volle (maximal bis zu 30 Stunden wöchentlich) Erwerbstätigkeit ausübt, erhält das Elterngeld. Auch aus diesem Grund wurde eine Rechtsgrundlage geschaffen, aus der die Arbeitnehmerinnen und Arbeitnehmer gegenüber ihrem Arbeitgeber einen Anspruch auf Freistellung (Elternzeit) für die Erziehung ihres Kindes bis zu dessen drittem Lebensjahr haben (vgl. Sienknecht, 2008, S. 88). Arbeitnehmerinnen und Arbeitnehmern wird durch die Elternzeit ermöglicht, sich ihrem Kind zu widmen und gleichzeitig den Kontakt zum Beruf aufrechtzuerhalten (vgl. BMFSFJ, 2012a, S. 59). Bis Vollendung des dritten Lebensjahres des Kindes kann grundsätzlich die Elternzeit genommen werden und bedarf nicht der Zustimmung des Arbeitgebers. Allerdings sind gewisse Regeln und Fristen bei der Anmeldung zu beachten. Sie kann auch für einzelne Monate oder Wochen genommen werden. Die Elternteile können die Elternzeit gemeinsam oder abwechselnd nehmen. Mit Zustimmung des Arbeitgebers kann von diesen drei Jahren ein Zeitraum bis zu einem Jahr auf die Zeit bis Vollendung des 8. Lebensjahres des Kindes übertragen werden (vgl. Wetter, 2009, S. 44). Grundsätzlich kann die Arbeitgeberseite keine Kündigung aussprechen, weil ein besonderer Kündigungsschutz nach dem BEEG mit Anmeldung der Elternzeit beginnt und dieser Schutz erst mit Ablauf der Elternzeit endet. Wenn sich die Eltern die Elternzeit aufteilen, ist in den Zwischenzeiten, in denen sie nicht in Elternzeit sind und wieder voll arbeiten, der spezielle Schutz allerdings nicht gegeben (vgl. BMFSFJ, 2012a, S. 73).

Die bezahlte Elternzeit besteht aus einem Bündel von Vereinbarkeits- und sozialen Sicherungsmaßnahmen. Diese sind notwendig, um zum einen die nationalen politischen Ziele der Bundesrepublik Deutschland zu erreichen und zum anderen auch die europäische Beschäftigungspolitik umzusetzen. Zunächst steht im Zentrum die Erhöhung der Frauenerwerbsquote. Dabei wird die Vereinbarkeit von Familie und Beruf *„als zentraler Faktor gesehen, der einen positiven Einfluss auf die Karriere- und Familienplanung sowie die Geburtenrate hat"* (von Bresinski/Walter, in: BMFSFJ, 2011, S. 8). In den letzten Jahren entdeckt die deutsche Familienpolitik vor diesem Hintergrund die Väter in der Familienpolitik, sodass das neue Rollenverständnis der aktiven Vaterschaft auch in den Elternzeit-Regelungen familienpolitische Anerkennung findet (vgl. von Bresinski/Walter, in: BMFSFJ, 2011, S. 8).

6.2 Empirische Daten

Im Vergleich zu früheren Generationen hat sich die Rolle der Väter in den Familien sichtlich verändert. Immer mehr Väter nehmen auch verstärkt Erziehungs- und Betreuungsaufgaben wahr, weil sie mehr Zeit mit ihren Kindern verbringen und stärker am Leben ihrer Kinder teilhaben möchten (vgl. Bergmann, in: BMFSFJ, 2001, S. 3). Die Rahmenbedingungen sollten mit der Reform des BErzGG bzw. Einführung des BEEG verbessert werden. Speziell die Elternzeit soll die aktiven Väter seither ermutigen, sich stärker als bisher in ihren Familien zu engagieren. Väter sollen dafür mit dem dazugehörigen Elterngeld als Lohnersatzausgleich in die Lage versetzt werden ihre Erwerbstätigkeit befristet zu unterbrechen. Die empirischen Daten sollen einen Aufschluss über die dazugehörige Entwicklung liefern (vgl. Baronsky/Gerlach, in: BMFSFJ, 2011, S. 7).

Die beim Statistischen Bundesamt zentral durchgeführten Statistiken zum Elterngeld stellen Daten über den Bezug von Elterngeld bereit. Aus diesen Daten können die Ziele und Wirkungen des Elterngeldes im Rahmen der Familienpolitik beurteilt werden. Da die Elternzeit mit dem Elterngeld eng verwoben ist, liefern die Daten u. a. auch gleichzeitig wichtige Aufschlüsse über die Väter in Elternzeit. Zwischen Januar 2007 und Juni 2008 wurden die bewilligten Anträge für die im Jahr 2007 geborenen Kinder erhoben. Für seit 2008 geborene Kinder werden hingegen die beendeten Leistungsbezüge erfasst. Aus diesem Grund sind die Zahlen seit 2007 nicht direkt miteinander vergleichbar. Um dennoch einige konkrete Zahlen zu nennen, werden Zahlen der letzten beiden Jahre (2010 und 2011) in der Abbildung 8 dargestellt (vgl. Krieger/Wolff, in: Statistisches Bundesamt, 2011, S. 5).

Gemeldete beendete Leistungsbezüge für Geburtszeiträume			
Jahr	Deutschland gesamt	davon Männer	davon Frauen
2010	792.792	158.180	634.612
(in %)	100	20,0	80,0
2011	814.487	169.514	644.973
(in %)	100	20,8	79,2

Abbildung 8: *Geschlecht der Elterngeldbeziehenden* (vgl. Statistisches Bundesamt, 2012)

Die gemeldeten beendeten Leistungsbezüge (Deutschland gesamt) sind im Vergleich von 2010 zu 2011 um 2,7 % auf 814.487 gestiegen. Beim Geschlecht der Beziehenden zeigt sich, dass der Anteil der Männer um rund 1 % auf 20,8 % gestiegen und der Anteil der Frauen um knapp 1 % auf 79,2 % gesunken ist. Von den gesamten Leistungsbezügen verteilen sich die einzelnen Höhen des Elterngeldanspruchs wie folgt:

Gemeldete beendete Leistungsbezüge für Geburtszeiträume								
Jahr	300 €	300 € bis unter 500 €	500 € bis unter 750 €	750 € bis unter 1000 €	1000 € bis unter 1250 €	1250 € bis unter 1500 €	1500 € bis unter 1800 €	1800 € und mehr
2010	213.821	149.860	135.376	97.963	74.530	46.121	33.913	41.208
(in %)	27,0	18,9	17,1	12,3	9,4	5,8	4,3	5,2
2011	207.226	145.361	135.035	102.801	82.366	53.609	39.713	48.376
(in %)	25,4	17,9	16,6	12,6	10,1	6,6	4,9	5,9

Abbildung 9: *Anteile nach Höhe des Elterngeldanspruchs* (vgl. Statistisches Bundesamt, 2012)

Zwar ist sowohl der absolute als auch der relative Anteil der Mindestelterngeldbezieher, d. h. die Gruppe mit einem Leistungsbezug von 300,00 EUR, gesunken (absoluter Rückgang um 6.595 auf 207.226 Bezieher, bzw. relativer Rückgang um 2,4 Prozentpunkte auf 25,4 %), jedoch hat diese Gruppe mit gut einem Viertel weiterhin den größten Anteil an den gemeldeten beendeten Leistungsbezügen für den Geburtszeitraum 2011. Auch die Gruppen von 300,00 bis unter 500,00 EUR und von 500,00 bis unter 750,00 EUR haben in 2011 im Vergleich zu 2010 Anteile verloren. Um den Anteil der unteren Hälfte der Leistungsbezüge von 300,00 EUR bis unter 1.000,00 EUR zu erhalten, muss man die Gruppe von 750,00 EUR bis unter 1.000,00 EUR mit einbeziehen. Diese gesamte untere Hälfte (in der Abbildung 8 die linke Hälfte) macht einen Anteil von fast drei Viertel aus. Allerdings ist zu beachten, dass dieser Anteil um 3 Prozentpunkte auf 72,5 % gesunken ist. Die einzelnen Gruppen aus der oberen Hälfte (in der Abbildung 8 die rechte Hälfte) der Leistungsbezüge von 1.000,00 EUR und mehr haben hingegen relativ und absolut betrachtet Zuwächse zu verzeichnen. Ihr Anteil nahm zu und liegt in 2011 mit 27,5 % bei über einem Viertel (vgl. Statistisches Bundesamt, 2012).

Unabhängig davon haben sich die Einkommen von Familien nach der Geburt durch das Elterngeld erhöht. Gleichzeitig ist aufgrund des Elterngeldes die Erwerbsbeteiligung von Müttern mit Kindern im zweiten Lebensjahr gestiegen. Die Wahrscheinlichkeit der Inanspruchnahme von Elternzeit bei Vätern, deren Partnerin teilzeitbeschäftigt ist, ist doppelt so hoch wie bei Vätern, deren Partnerin nichterwerbstätig ist. Diese Wahrscheinlichkeit erhöht sich bei einer Vollzeiterwerbstätigkeit der Partnerin auf das 2,5-fache (vgl. Althammer, in: BMFSFJ, 2011, S. 38).

Neben dieser Determinante sind der formale Bildungsgrad des Vaters, die innerfamiliale Einkommensverteilung sowie unternehmensbezogene Faktoren relevant. Besser ausgebildete Väter weisen eine signifikant geringere Wahrscheinlichkeit auf, Elternzeit in Anspruch zu nehmen, als Väter mit geringer formaler Bildung. Zum einen lässt sich speziell der negative Einfluss der Bildung auf die Inanspruchnahme der Elternzeit von Vätern opportunitätskostentheoretisch erklären. In der Regel haben Väter mit einer hohen formalen Bildung ein überdurchschnittliches Markteinkommen (vgl. Dette-Hagenmeyer/Reichle, in: BMFSFJ, 2011, S. 20). Demnach wäre eine Erwerbsunterbrechung mit entsprechend hohen Einkommensverlusten verbunden. Zum anderen können für die geringe Väterbeteiligung informationsökonomische Faktoren eine Rolle spielen. Daraus werden unternehmensbezogene Faktoren ersichtlich. Für unvollständig informierte Arbeitgeber könnte die Inanspruchnahme von Elternzeit durch Väter ein Zeichen dafür sein, dass der betreffende Arbeitnehmer stark familienorientiert und vergleichsweise gering arbeitgeberorientiert ist. Unter Umständen kann sich das negativ auf die künftigen Karrierechancen auswirken, weil es als Indiz für eine unterdurchschnittliche Arbeitsproduktivität interpretiert werden kann. Die subjektiv erwarteten Karrierehindernisse weisen aus diesem Grund einen deutlichen und statisch signifikant negativen Einfluss auf die Inanspruchnahme der Elternzeit durch Väter auf. Ferner ist bei der Determinante der innerfamiliären Einkommensverteilung zu erwähnen, dass sie seit den Reformen nur noch eine untergeordnete Rolle für die Entscheidung des Vaters spielt, weil das Elterngeld als Lohnersatzleistung ausgestaltet wurde und sich dadurch das Familieneinkommen bei der Inanspruchnahme von Elternzeit nicht so stark reduziert, wie in der Vergangenheit (vgl. Althammer, in: BMFSFJ, 2011, S. 38).

Die Elternzeit im Zusammenwirken mit dem Einkommensersatz setzen gezielte Anreize, damit beide Elternteile Elternzeit in Anspruch nehmen. Der Anteil der Väter, die sich mit mindestens zwei Monaten an der Betreuung ihrer Kinder beteiligen, ist seit Einführung kontinuierlich gestiegen. Im Schnitt nehmen Väter dreieinhalb Monate lang Elternzeit bzw. Elterngeld in Anspruch und ein Viertel von ihnen nimmt eine längere Auszeit für die Familie. Diese Zeit nutzen die Väter tatsächlich, um ihr Kind zu betreuen. Väter, die nicht in Elternzeit sind, verbringen durchschnittlich weniger als drei Stunden pro Tag mit ihrem Kind, während Väter in Elternzeit an einem Werktag sieben Stunden ihr Kind betreuen. Mütter, deren Partner in Elternzeit sind, verbringen werktags weniger Zeit (ca. 7 Stunden) mit der Kinderbetreuung als Mütter, deren Partner nicht in Elternzeit ist (ca. 12 Stunden). Außerdem haben Mütter, deren Partner in Elternzeit ist, mit 36 % eine mehr als doppelt so hohe Erwerbsquote als Mütter, deren Partner nicht in Elternzeit ist (17 %). Das deutet darauf hin, dass die Mütter, deren Partner in Elternzeit sind, diese Zeit für den Wiedereinstieg in den Beruf nutzen und beide Partner einander unterstützen (vgl. Wrohlich/Berger/Geyer, in: BMFSFJ, 2012, S. 12).

Insgesamt bestätigt sich durch die Zahlen, dass das Elterngeld bzw. die Elternzeit die Väterbeteiligung an der Kinderbetreuung speziell in der ersten Zeit nach der Geburt eines Kindes gestärkt hat. Damit entfaltet es die ihm vom Gesetzgeber zugedachten Wirkungen (die Schaffung eines Schonraums insbesondere in der Frühphase der Elternschaft, die mittel- und langfristige Sicherung der wirtschaftlichen Existenz der Familien, inklusive eines schnellen beruflichen Wiedereinstiegs der Mütter und die Stärkung der Väterbeteiligung an der Kinderbetreuung) (vgl. Wrohlich/Berger/Geyer, in: BMFSFJ, 2012, S. 5).

6.3 Motive für eine Elternzeit der Väter aus der Genderperspektive

Zunehmend leiden Männer darunter, dass sie ihre Identität arbeitend und durchsetzend erworben haben, weil sie sich gleichzeitig von ihrer Privatsphäre und den dort vorherrschenden Werten der Intimität, Emotionalität und Nähe distanziert haben. Die wachsende Unzufriedenheit der Männer mit ihrer eigenen Geschlechterrolle

führt zu Veränderungswünschen. Sie möchten ihre fundamentalen Persönlichkeits-
bedürfnisse, wie tiefere emotionale Kontakte mit Männern und Kindern, sowie weniger Abhängigkeit der Selbstachtung von der Arbeit, befriedigen (vgl. Deutsch-
Stix/Janik, 1993, S. 47f.). Eine aktive Vaterschaft bietet ihnen die Möglichkeit, sich
persönlich weiter zu entwickeln, sich selbst zu finden und den eigenen Handlungs-
spielraum zu erweitern. Daher wollen immer mehr Männer eine aktive Rolle im
Leben ihrer Kinder einnehmen und sich als engagierte, gefühlvolle, partnerschaftliche und kompetente Väter beweisen. Sie möchten sich nicht mehr ausschließlich
über ihren beruflichen Erfolg definieren, was in Zeiten wirtschaftlicher Krisen und
hoher Arbeitslosigkeit von Vorteil für sie ist (vgl. Brauner, in: Werneck/Beham/
Palz, 2006, S. 57f.).

Den aktiven Vätern ist es wichtig, eine intensive Beziehung zum Kind aufzubauen und von Anfang an die Entwicklung ihres Kindes aktiv mitzuerleben, weil
sie teilweise auch das nachholen möchten, was sie bei ihrem ersten Kind bzw. ersten Kindern versäumt hatten (vgl. Vaskovics/Rost, 1999, S. 71). Sie erhalten eine
zusätzliche Dimension; die Vaterschaft im Sinne von beschützen, den anderen annehmen und eine enge Beziehung zum Kind aufbauen. Eine gute Beziehung zu sich
selbst, die Beschäftigung mit der eigenen Männlichkeit und dem eigenen Vater ist
die Voraussetzung dafür. Bereits in der frühen Kindheit entwickelt sich das innere
Vaterbild aus den Erfahrungen mit dem eigenen Vater oder anderen männlichen
Bezugspersonen (z. B. Adoptiv- oder Pflegevater, Großvater oder Onkel). *„Eine
schlechte Beziehung kann zu einer lebenslangen Suche nach der Liebe und Anerkennung des Vaters führen"* (Brauner, in: Werneck/Beham/Palz, 2006, S. 58). Positive Erfahrungen mit dem eigenen Vater sind sehr hilfreich. Jedoch ist dies für eine
gelingende Vaterschaft nicht vorauszusetzen, da der Mann durch die Geburt eines
Kindes die Chance erhält, sein inneres Vaterbild zu erneuern (vgl. Brauner, in:
Werneck/Beham/Palz, 2006, S. 58). Vielmehr entsteht sogar ein gegensätzlicher
Effekt, wenn der Mann diese positiven Erfahrungen nicht gesammelt hat. Denn
viele Männer möchten durch die väterliche Zuwendung genau das an ihre Kinder
weiter geben, was sie selbst als Kind am meisten ersehnt hatten. Demnach möchten
und können sie der Vater sein, den sie sich selbst immer gewünscht haben. In der
aktiven Vaterschaft kann es dem Mann gelingen, sich als Mann anzuerkennen und
damit aufzuhören, es jedem beweisen zu müssen (vgl. Pittmann, 1996, S. 340).
Dies ist auch ein Beleg bzw. ein Beispiel dafür, dass die aktive Vaterschaft dazu
beiträgt das Geschlecht des Mannes im Sinne des „doing" Gender neu zu definieren, zu verändern und auch zu bestätigen. Diese Rückkehr des Mannes bzw. des
Vaters in die Familie basiert neben der zugenommenen Freizeit, die sie auch außerhalb der Familie verbringen könnten, noch auf weiteren Faktoren. Sie ergeben

sich aus den gewandelten Einstellungen von Frauen und Männern zur Bedeutung von Erwerbsarbeit, zur Rolle des Mannes und Vaters sowie zu Ehe, Familie und Elternschaft (vgl. Matzner, 1998, S. 74).

Die Vater-Kind-Beziehung als Motiv für die Inanspruchnahme der Elternzeit beinhaltet zwei Orientierungen. Zum einen impliziert sie die angesprochenen kindorientierten Väter, die eine intensivere Beziehung zu ihrem Kind haben möchten. Zum anderen gibt es Väter, die aus der Perspektive ihres Kindes argumentieren. Ihres Erachtens nach ist ein intensiver Kontakt zum Vater speziell in den ersten Lebensjahren für die Entwicklung des Kindes äußerst relevant, sodass ein gewisses Maß an Quantität der Vater-Kind-Interaktionen vorauszusetzen ist. Die Inanspruchnahme der Elternzeit ermöglicht und setzt diese Prozesse frei (vgl. Vaskovics/Rost, 1999, S. 71). Des Weiteren findet eine zunehmende Kindzentriertheit vieler Ehen und Partnerschaften statt, weil das Vorhandensein von Kindern in modernen Gesellschaften in der Regel die Folge eines Kinderwunsches ist. In fast gleich hohem Maße haben Mütter und Väter eine positive Einstellung zu ihren Kindern und für beide haben die Kinder eine sehr große Bedeutung. Von Kindern erhoffen sie sich Erfahrungen wie Emotionalität, Spontaneität und Originalität. Hier möchten und können insbesondere die Väter die natürliche Seite des Lebens erfahren und einen Gegenpol zu den im Berufsleben vorherrschenden Erfahrungen von Zweckrationalität, Tempo, Konkurrenz und Karriere bilden (vgl. Matzner, 1998, S. 75ff.). Die Elternzeit bietet ihnen eine Möglichkeit, um Stress, Ärger oder Langeweile im Beruf zu entgehen. Damit ist sie eine willkommene Abwechslung in der Alltagsroutine. An die berufliche Situation als Motiv ist ebenfalls die Erwerbstätigkeit der Partnerin zu knüpfen. Aus individuell sehr unterschiedlichen Gründen können oder wollen einige Frauen nicht aus dem Berufsleben aussteigen. Ihnen geht es um den Erhalt ihres alten Arbeitsplatzes, um den Antritt einer neu angebotenen Stellung oder um die Sicherung ihrer beruflichen Aufstiegschancen. Väter in Elternzeit wollen ihnen dieses ermöglichen (vgl. Vaskovics/Rost, 1999, S. 71f.). Zugleich versuchen Väter in Elternzeit mit der Partizipation an der Kindererziehung und Hausarbeit, ihre Frauen, die durch die vermehrte Teilnahme am Berufsleben einer Doppelbelastung ausgesetzt wären, zu entlasten (vgl. Deutsch-Stix/Janik, 1993, S. 49f.). Die partnerschaftliche Rollenaufteilung beinhaltet die Beziehung zwischen Vater und Kind sowie die Erwerbstätigkeit der Frau. Sie ist eine Motivgruppe, die die Wichtigkeit der Gleichberechtigung von Mann und Frau betont. Väter, die in Elternzeit gehen, sehen darin für beide Elternteile eine akzeptable Lösung, Beruf und Familie zu vereinbaren (vgl. Vaskovics/Rost, 1999, S. 73).

Aus der finanziellen Situation der Familie, die im Zusammenhang mit der Erwerbstätigkeit steht, ergibt sich ebenfalls ein wichtiges Motiv. Bei der Entscheidung für oder gegen die Inanspruchnahme der Elternzeit durch den Mann spielt sie eine ganz entscheidende Rolle. Speziell das Gehalt der Frau ist ausschlaggebend. Wenn die Frau das höhere Nettoeinkommen erzielt, ist der Anteil der Väter, die in Elternzeit gehen, besonders hoch (vgl. BMFSFJ, 2012b, S. 90). Daraus lässt sich ableiten, dass alleine ein annähernd gleiches oder höheres Gehalt der Frau ein Motiv dafür sein kann, dass der Mann in Elternzeit geht (vgl. Althammer, in: BMFSFJ, 2011, S. 38f.).

Die Veränderungen in der Einstellung und im Handeln der Männer im Sinne des „doing" Gender haben es ermöglicht, dass Männer in Elternzeit gehen möchten. Ihr Unbehagen an der dominanten Ausrichtung auf beruflichen und materiellen Erfolg einerseits und das Streben nach emotionalen Beziehungen zu Frau und Kind(ern) andererseits sind dabei die wesentlichen Punkte. Dennoch dürfen die anderen Motive, wie beispielsweise die finanziellen Motive, nicht vernachlässigt werden. Somit ist aus den angesprochenen und erläuterten Aspekten festzuhalten, dass es viele Motive für eine Elternzeit der Väter gibt (vgl. Baer, 1998, S. 16).

6.4 Persönliche, familiäre, berufliche und finanzielle Auswirkungen

Bereits beim Übergang zur Vaterschaft finden individuelle, familiäre und kontextuelle Veränderungen statt. Mit einer Inanspruchnahme der Elternzeit durch Väter sind noch tiefgründigere persönliche, familiäre, berufliche und finanzielle Auswirkungen verbunden (vgl. Brauner, in: Werneck/Beham/Palz, 2006, S. 59).

Sowohl Frauen als auch Männer sind mit der traditionellen geschlechtsspezifischen Arbeitsteilung in der Berufs- und Privatwelt nicht zufrieden. Aus diesem Grund finden nicht nur in ihren Gedanken Veränderungen statt, sondern auch in der Realität. Die Männer *„wollen die Emanzipation des Mannes als Fähigkeit verstehen, die Frau als gleiche zu akzeptieren und zu unterstützen, ohne sich selbst als Mann bedroht zu fühlen"* (Deutsch-Stix/Janik, 1993, S. 50). Dieses spiegelt sich u. a. auch darin wider, dass immer mehr Väter ihre Berufstätigkeit einschränken bzw. zeitlich begrenzt aufgeben, indem sie Elternzeit in Anspruch nehmen (vgl. Deutsch-Stix/Janik, 1993, S. 49).

Bei diesen Vätern findet eine Prioritätenverschiebung in Richtung Familie sowie einer gleichberechtigten Teilhabe an der elterlichen Verantwortung statt. Sie gewinnen einen realistischen Blick auf die Erziehungs- und Betreuungsaufgaben und beteiligen sich auch nach dieser Zeit stärker. Nach der Elternzeit reduzieren dafür einige Väter ihre Arbeitszeit auf das nötige Maß und organisieren ihre Arbeitsaufgaben nach Möglichkeit familienfreundlicher (z. B. durch Telearbeit, Teilzeit etc.) (vgl. BMFSFJ, 2012b, S. 91).

Bereits vor der Inanspruchnahme finden zahlreiche Prozesse statt, die berücksichtigt werden müssen. Der Übergang zum Vater erfordert eine Neudefinition der eigenen Identität und des Selbstwertgefühls. Des Weiteren muss er seine Lebensziele der neuen Situation anpassen und die emotionale Unruhe des Kindes verarbeiten. Daneben verändert sich innerhalb der Familie das Rollenverhalten der Eltern. Die Paar-Beziehung muss sich auf die neuen Belastungen einstellen. Außerdem wirkt sich dieser Übergang über das enge Familiensystem hinaus aus, weil die Beziehungen zu den eigenen Eltern neu definiert werden müssen und sich auch das soziale Netz des Paares tief greifend verändert. Entscheidend ist, dass die Übergangsphasen Chancen für einen Neuanfang beinhalten, die in Kombination mit einem Vater in Elternzeit besonders gut genutzt werden können, da in dieser Phase eine tiefe emotionale Ergriffenheit des Vaters durch sein Kind stattfindet (vgl. Brauner, in: Werneck/Beham/Palz, 2006, S. 59).

Für das familiäre Miteinander legt die Elternzeit von Vätern wichtige Grundlagen. Dies ist auch der Grund dafür, dass sie in den Familien geschätzt und immer mehr umgesetzt wird (vgl. BMFSFJ, 2012b, S. 90). Gegenüber ihren Kindern nehmen Väter heute zahlreiche Rollen ein. Sie bieten Fürsorge und Schutz, sie sind Spielkamerad, sie vermitteln Werte und Normen, sie erziehen und regen das Kind an (vgl. Gloger-Tippelt, in: BMFSFJ, 2011, S. 24). Durch die vermehrte Beteiligung der Väter treten positive Effekte auf. Eine aktive Vaterschaft inklusive der Inanspruchnahme von Elternzeit hat positive Auswirkungen auf die Entwicklung von Kindern, die über die unmittelbare Kindheit hinaus bis ins Erwachsenenleben reichen (vgl. Dette-Hagenmeyer/Reichle, in: BMFSFJ, 2011, S. 23). Bereits während der Schwangerschaft sowie in der frühen Kindheit entwickelt sich die Vater-Kind-Bindung, die komplementär zur Mutter-Kind-Bindung zu sehen ist. Wenn das Kind in der Bindungsperson einen sicheren Halt erkennt und sie ihm emotionale Sicherheit vermittelt sowie feinfühlig auf seine Bedürfnisse eingeht, dann entsteht eine positive und wirkungsvolle Beziehung. Es entstehen zusätzliche Synergieeffekte, wenn sich Väter in der frühen Kindheit mehr engagieren und häufiger mit ihren Kindern spielen. Dieses Engagement der Väter wirkt sich nämlich vorteilhaft auf die kognitive und emotionale Entwicklung des Kindes aus (vgl. BMFSFJ, 2012b, S. 90). Der spielerische und erzieherische Umgang mit Kindern wirkt als Ausgleich zum Berufsleben, weil vieles von dem dabei gefragt ist (z. B. Gestaltungs- und Ausdrucksbedürfnisse, Spontaneität, Einfühlungsvermögen etc.) was im Berufsleben zu kurz kommt (vgl. Reckert, 1996, S. 83). Zudem entsteht eine intensive Beziehungsqualität, die später nur sehr schwer nachzuholen ist (vgl. Brauner, in: Werneck/Beham/Palz, 2006, S. 59).

Ferner bildet sich eine positive Wechselwirkung zwischen den zunehmenden Engagements der Väter und der Zufriedenheit in der Elternbeziehung. Denn die Zufriedenheit mit der Partnerschaft erhöht die Wahrscheinlichkeit, dass sich Väter bei der Kinderbetreuung engagieren (vgl. BMFSFJ, 2012b, S. 92). Die Partizipation der Väter an der Kindererziehung und Hausarbeit stärkt zugleich das persönliche Wohlbefinden beider Partner und demnach auch die Partnerschaft selbst (vgl. Deutsch-Stix/Janik, 1993, S. 50). Dies liegt darin begründet, dass Mütter aufgrund einer Inanspruchnahme der Partnermonate durch die Väter schneller in den Beruf zurückkehren können. Demzufolge hat die Elternzeit der Väter eine entlastende Wirkung (vgl. BMFSFJ, 2012b, S. 97). Außerdem zeigen Erfahrungen, dass Ehen stabiler werden. Auch positive Auswirkungen auf die Fertilität der Mütter sind zu beobachten, wenn Väter in Elternzeit und die Frauen bald nach der Geburt wieder arbeiten gehen (vgl. BMFSFJ, 2012b, S. 92).

Gleichzeitig haben sich im Beruf die Anforderungen an den Mann gewandelt. Heute muss der Mann einen verlässlichen, kooperativen und teamfähigen Partner abgeben. Die Elternzeit von Vätern wirkt sich darauf äußerst positiv aus, weil Männer in der Familie die „weichen Fähigkeiten" („soft skills"), wie Teamfähigkeit, zuhören können, Kompromissfähigkeit etc., erlernen. Der Betrieb profitiert zum einen davon und zum anderen von einer familienfreundlichen Personalpolitik, da sich ungeachtete familiäre Probleme und Krisen negativ auf die Arbeitsfähigkeit auswirken. Ein ausgeglichenes Familienleben hemmt die negativen Effekte (vgl. Brauner, in: Werneck/Beham/Palz, 2006, S. 58). Es kann aber auch ein negativer Effekt eintreten, wenn der Arbeitgeber unvollständig informiert ist. Die Elternzeit von Vätern wird dann als schlechtes Zeichen gewertet. Der betreffende Arbeitnehmer wird als zu stark familien- und zu wenig arbeitgeberorientiert angesehen. Dies ist für den unvollständig informierten Arbeitgeber ein Indiz für eine unterdurchschnittliche Arbeitsproduktivität. Durch diese Wertung bzw. Interpretation reduzieren sich die Karrierechancen. An dieser Stelle wird ersichtlich, dass die Arbeitgeber richtig informiert sein müssen, damit die Elternzeit der Väter keine negativen Auswirkungen für die Väter hat und nur die positiven Effekte eintreten (vgl. Althammer, in: BMFSFJ, 2011, S. 38).

Die gegenüber der früheren Regelung zeitliche Reduzierung der Elternzeit stärkt den Zusammenhalt von Elternschaft und Erwerbsarbeit. Vätermonate in Verbindung mit der Finanzierung als Lohnersatz ließen den Anteil der jungen Väter sprunghaft ansteigen. Durch diese neue Logik des Elterngeldes wurde die Elternzeit der Väter auch in finanzieller Hinsicht erst attraktiv (vgl. Veil, in: Casale/Forster, 2011, S. 103).

Abweichungen von bestehenden Rollenmustern und -bildern sind aber nicht immer harmlos. Erwerbstätige Mütter von Kindern oder Väter, die ihre Erwerbstätigkeit zugunsten der Familie reduzieren, haben in ihrem privaten und beruflichen Umfeld teilweise mit Vorwürfen zu kämpfen. Nicht alle Menschen tolerieren und akzeptieren diese Lebenswünsche. Häufig werden diese Mütter als Rabenmütter abgestempelt und diese Väter als Weicheier bezeichnet (vgl. Badinter, 2010, S. 10). In medialen Schlachten werden diese verbalen Geschütze aufgefahren, die für schlechtes Gewissen, Selbstzweifel und Verunsicherung, anstatt für Lust auf Kinder und Familie sorgen (vgl. Schröder/Waldeck, 2012, S. 20).

Zwar sind in wenigen Konstellationen negative Effekte möglich, allerdings sind sie nur Randerscheinungen, die prinzipiell vernachlässigt werden können. Daher können die persönlichen, familiären, beruflichen und finanziellen Auswirkungen und Konsequenzen der Elternzeit durch Männer als durchweg positiv angesehen werden (vgl. Vaskovics/Rost, 1999, S. 88ff.).

6.5 Work-Life-Balance

Der Begriff Work-Life-Balance kommt aus dem Englischen und die einzelnen Wörter bedeuten in die deutsche Sprache übersetzt Arbeit, Leben, Ausgeglichenheit. Gemeint ist ein Ausgleich von Beruf und Privatleben und somit die Vereinbarkeit dieser beiden Bereiche. Der Terminus Work-Life-Balance kann als Spannungsfeld zwischen Berufs- und Privatleben aufgefasst und bezeichnet werden, wenn keine Vereinbarkeit der beiden Bereiche besteht. Unabhängig von einer positiven oder negativen Betrachtungsweise handelt es sich stets um einen Zusammenhang der Lebens- und der Arbeitswelt. In ihrem Alltagsleben sind die Individuen in beide Welten eingebunden (vgl. Michalk/Nieder, 2007, S. 21).

Für beide Geschlechter stellt sich zunehmend die Herausforderung ihre Berufstätigkeit und ihr Familienleben zusammenzubringen. Dieses findet in der ganzen Komplexität der auszuhandelnden Rollen und Funktionen einschließlich gewachsener Mobilität statt (vgl. Baader, 2006, S. 131). Ein klarer Trend geht in die Richtung, dass immer mehr Menschen sich ein selbst bestimmtes und erfülltes Leben mit dem Einbezug der Arbeit und der Familie als wichtige Posten wünschen. Aus diesem Grund wird die Forderung nach einer besseren Vereinbarkeit von Familie und Beruf immer stärker und lauter. Das Konzept Work-Life-Balance soll heute diesbezüglich eine Vereinbarkeit von Beruf und Privatleben für alle Mitarbeiter schaffen, sowohl für Frauen als auch für Männer. Ein Großteil der Unternehmen hat erkannt, dass die Leistung der Mitarbeiter mit ihrem persönlichen Wohlbefinden eng zusammenhängt. Nahezu das gesamte Spektrum sozial- und wirtschaftswissenschaftlicher Themen wird durch die Bedeutungen von Work-Life-Balance abgedeckt. Im praktischen Bereich des Berufs- und Privatlebens reichen sie von der Lösung kleiner Alltagsprobleme bis zur Förderung von grundlegenden gesellschaftlichen Umgestaltungsprozessen (vgl. Michalk/Nieder, 2007, S. 11f.).

Das Work-Life-Balance wird im alltagssprachlichen Gebrauch als Balance zwischen Erwerbsarbeit im Kontext von Belastung, Beanspruchung und Mühe, sowie aus Privatleben im Kontext von Ruhe, Erholung und Entspannung verstanden (vgl. Kastner, in: Kastner, 2004, S. 3). Noch nie war der Wunsch nach einem ausgewogenen Gleichgewicht zwischen Berufs- und Privatleben so ausgeprägt und aktuell wie in der heutigen Zeit. Dieses liegt in der Entwicklung des neuen Rollenverständnisses in der Gesellschaft begründet. Auf der einen Seite möchten Männer mehr Zeit in Familie und Freizeit investieren. Auf der anderen Seite wollen Frauen sich nicht länger zwischen Karriere und Kindern entscheiden müssen, denn sie möchten beides (vgl. Michalk/Nieder, 2007, S. 26). Beide müssen die Balance zwischen Beruf und Privatleben halten. Da das Leben wechselhaft ist und ständige Veränderungen beide Geschlechter aus der Balance geraten lassen, erfordert es eine gewisse Flexibilität, um sie wieder zu finden. Ein Lebensbereich benötigt mal mehr Aufmerksamkeit als ein anderer Bereich. Bei Vätern in Elternzeit ist das genau der Fall, da die Familie mehr Aufmerksamkeit als der Beruf erhält. Den Ausgleich findet der Betroffene, indem er sich darüber bewusst wird, was ihm im Leben wirklich wichtig ist (vgl. Fritz, 2003, S. 9). Dementsprechend wird das Work-Life-Balance Konzept erweitert, indem nicht nur die Komponenten Beruf und Privatleben im Einklang sind, sondern auch ein ausgewogenes Verhältnis zwischen den vier Lebensbereichen Beruf, Beziehungen, Gesundheit und Sinn besteht. Unter Berücksichtigung dieser vier Lebensbereiche muss jeder Vater für sich selbst herausfinden, worauf es ihm im Leben ankommt, welche Wünsche, Motive und Bedürfnisse ihn antreiben. Er muss die Bedeutung jeder dieser Bereiche für sein Glück und seine Zufriedenheit werten und ihnen die entsprechende Priorität in der Zeitplanung einräumen (vgl. Michalk/Nieder, 2007, S. 31). In der Balance zwischen Familie, Beruf und Freizeit sind die Rollenspielräume für Männer und Väter in den letzten Generationen in Bewegung geraten. Mittlerweile bevorzugen Männer, die sich für Familie entscheiden, vielfältigere Rollen gegenüber Partnerin und Kindern. Dies lässt sie erfüllter und anders leben, als es ihnen in der Funktion als reiner Geldverdiener möglich ist (vgl. Verlinden, in: Ministerium für Gesundheit, Soziales, Frauen und Familie des Landes NRW, 2004, S. 14).

Familiäre Verbundenheit zu leben, stärkt einen Vater in Elternzeit als Mann. Die Familie ist für diese Männer die reale Möglichkeit, sich von der im beruflichen Alltag aufgebauten Wichtigkeit fallen zu lassen und zu entspannen. Dieses Gegengewicht hilft, die Dinge relativieren zu lassen und neu zu gewichten. Diese Chance ist in der Familie zu finden, sodass vor allem Väter in Elternzeit sie nutzen können. Sie haben im aufrichtigen und ehrlichen Kontakt mit allen Familienmitgliedern die Gelegenheit, die eigene Wichtigkeit wirklich erleben zu können. Der Kontakt bezieht sich auf ein Dasein, eine Offenheit gegenüber den anderen, ein Interesse für die Gedanken und Gefühle des Gegenübers, eine Mitteilung von sich selbst und darauf, die anderen am eigenen Erleben teilhaben zu lassen. Zum einen heißt im Kontakt zu sein, miteinander zu wachsen und zum anderen auch zu lernen; auch von Kindern (vgl. Ochs/Orban, 2007, S. 146). Entscheidend bei der gemeinsamen Zeit mit dem Kind ist nicht nur die Quantität, sondern die Qualität. Damit wird ausgedrückt, dass die Zeit mit dem Kind eine erfüllte anstatt eine gefüllte Zeit sein muss. Denn beispielsweise wirkt und wiegt eine Stunde intensives Spielen mit einem Kind mehr als ein ganzer Nachmittag körperlicher Anwesendheit, aber mit gleichzeitiger gedanklicher Abwesenheit. Die Inanspruchnahme der Elternzeit bietet Vätern die Möglichkeit, sich intensiv mit dem Kind zu beschäftigen und vereitelt somit derartige negative Effekte (vgl. Michalk/Nieder, 2007, S. 31).

Eine Reduktion der Familienzeit kommt dann zustande, wenn es den Vätern an öffentlicher Anerkennung dafür fehlt, dass sie Väter im Sinne von Zeitinvestitionen sind und sie keine gleichwertige Anerkennung finden. Um die Anerkennungslücken zwischen den Geschlechtern und Lebensbereichen zu schließen bzw. nicht aufkommen zu lassen, müssen die gesellschafts- und familienpolitischen Maßnahmen, die an die Erwerbstätigkeit anknüpfen, diesen Aspekt berücksichtigen und entsprechend ausgerichtet sein (vgl. Metz-Göckel, in: Kastner, 2004, S.132f.). Aus diesem Grund findet Work-Life-Balance Zuspruch in der Politik und rückt als neue Strategie der Bundesregierung ins Zentrum der Aktivitäten (vgl. Erler, in: Mischau/ Oechsel, 2005, S. 155). Die Kombination von Work-Life-Balance und Gender Mainstreaming bietet Anknüpfungsmöglichkeiten, um die Imbalance bzw. Spannung von Arbeit und Leben für beide Geschlechter zu beseitigen. Darunter fällt die Umverteilung der beruflichen und familiären Aufgaben zwischen Männern und Frauen als geschlechterpolitische Folgerung zur Vereinbarkeit von Beruf und Familie (vgl. Metz-Göckel, in: Kastner, 2004, S.133f.).

Somit ist unter Berücksichtigung des Work-Life-Balance-Konzepts festzuhalten, dass die Väter mit der Inanspruchnahme der Elternzeit ein Gleichgewicht zwischen Beruf und Familie finden bzw. erreichen können (vgl. Brauner, in: Werneck/Beham/Palz, 2006, S. 57).

6.6 Väterarbeit als Unterstützung

In Theorie und Praxis ist die Bedeutung einer Geschlechterperspektive zu weiten Teilen anerkannt und in bestimmten Bereichen nicht mehr wegzudenken. In der Praxis der Sozialen Arbeit finden sich theoretische Bezüge zur Genderthematik. Die Methoden der Sozialen Arbeit berücksichtigen die Vielfalt und Komplexität von Alltagsproblemen sowie Alltagssituationen und zielen auf die soziale Unterstützung der Klienten ab. Für die Theorieentwicklung Sozialer Arbeit sowie für die Konzeptentwicklung und die Praxis der professionellen Interaktion hat die Geschlechterperspektive daher große Relevanz (vgl. Sabla, 2009, S. 48ff.).

Mannsein und Vatersein ist nicht mehr wie früher untrennbar miteinander verwoben. Das Ergebnis dieser Entwicklung ist, dass sich die Väterarbeit aus der Männerarbeit herausgebildet hat. Männliche Identität schließt nicht mehr mit unhinterfragter Selbstverständlichkeit auch Vatersein ein, da Vaterwerden heute im Gegensatz zu früher eine bewusste Entscheidung erfordert. Zunehmend werden Männer durch die heutigen Vorstellungen über aktive und bewusste Vaterschaft in einen existenziellen Konflikt zwischen Beruf und Vaterschaft, in dem Männlichkeit immer mehr in einem Widerspruch zu Väterlichkeit gerät, gebracht. Die Notwendigkeit zur Arbeit mit Vätern ergab sich vor allem erst in dem Maße, wie Vaterschaft als soziales Problem wahrgenommen und öffentlich identifiziert wurde (vgl. Bullinger, in: Brandes/Bullinger, 1996, S. 402).

Das gestiegene Interesse an Familien lässt sich auf den Geburtenrückgang, eine Zunahme familiärer Belastungen und speziell auf eine erhöhte Sensibilität für Belange von Kindern, Müttern und Vätern in Bezug auf Chancengleichheit, Erziehungsqualität, Partnerschaft und Gleichberechtigung zurückführen. Innerhalb präventiver Väterberatung, -information und -bildung sowie Jugendhilfe ist Väterarbeit ein relativ neues Aufgabenfeld. Sie bezieht sich auf eine gezielte Arbeit mit Vätern, die die Auswirkungen der als Individualisierung und Pluralisierung bezeichneten gesellschaftlichen und damit auch privaten Veränderungsprozesse aufgreifen soll, um die Väter in ihrer Entwicklung zu unterstützen und zu stärken. Diese Veränderungen insbesondere in biographischen Übergängen bieten Chancen, die Väterarbeit nutzen will. Gleichzeitig soll aber auch an die einhergehenden Verunsicherungen angeknüpft werden. Bei der Suche nach angemessenen Vorstellungen, Werten und Handlungsmöglichkeiten in ihren Rollen in Familie und Gesellschaft will Väterarbeit Väter bzw. auch künftige Väter unterstützen (vgl. Verlinden, in: Ministerium für Gesundheit, Soziales, Frauen und Familie des Landes NRW, 2004, S. 14).

Väterarbeit umfasst u. a. Beratungsangebote, Selbsterfahrungs- und Selbsthilfegruppen, vielfältige Bildungsangebote unterschiedlicher Institutionen wie Volkshochschulen, kirchliche und freie Bildungseinrichtungen, Männerzentren, Familienbildungsstätten und Lehrerfortbildungsinstitutionen. Darüber hinaus gibt es einige Väterinitiativen, die meist auch Beratung, Vätergruppen und örtliche Vätertreffs anbieten (vgl. Bullinger, in: Brandes/Bullinger, 1996, S. 402). Mehr denn je benötigen Männer bzw. Väter Unterstützung, um die komplexer gewordenen Fragen von Elternschaft und Partnerschaft befriedigend zu gestalten (vgl. Verlinden, in: Ministerium für Gesundheit, Soziales, Frauen und Familie des Landes NRW, 2004, S. 14). Väterarbeit bietet durch die Veranstaltungen und Gruppen nur mit Männern Vorteile. In geschlechtshomogenen Gruppen fallen alle mehr oder weniger unbewussten Verhaltensmuster weg, die auf das jeweils andere Geschlecht gerichtet sind. Demnach müssen sich Männer nicht mehr vor den Frauen beweisen. Des Weiteren wird die unter Männern oft vorherrschende Konkurrenz entschärft, weil sie nun nicht mehr um Aufmerksamkeit und Sympathie der Frauen rivalisieren müssen. Damit entsteht ein geschützter Raum, in dem offenere Gruppenprozesse ermöglicht werden. Funktionen in der Gruppe, die üblicherweise den Frauen überlassen werden, wie beispielsweise die Kommunikation unterstützende Aufgaben, können Männer lernen zu übernehmen. Ein derartiger Austausch zwischen Männern ist für viele eine neue Erfahrung und eine Bereicherung. Dies resultiert daraus, dass sie oftmals weder eine tiefe Beziehung zu ihrem Vater, noch zu einer anderen männlichen Bezugsperson hatten (vgl. Falkenburg, 1999, S. 33).

Daraus wird ersichtlich, dass Väterarbeit ein notwendiger Bestandteil einer Familienförderung ist. Wie bereits angedeutet, wird Väterarbeit „von Personen aus Kinder- und Jugendhilfe, Bildung, Beratung, Gesundheitswesen, Seelsorge, Arbeitswelt und Initiativen betrieben, die Maßnahmen und Angebote für Väter und Jugendliche planen, durchführen und auswerten, die der Förderung von Erziehungskompetenz und Partnerschaftskompetenz der Väter, auch künftiger Väter, gelten" (Verlinden, in: Ministerium für Gesundheit, Soziales, Frauen und Familie des Landes NRW, 2004, S. 18). Um Verunsicherung zu nehmen und Orientierung zu geben, darf sich Väterarbeit nicht mehr auf Väter als eine einheitliche Kategorie beziehen, sondern muss von der Vielfalt von Vaterschaft ausgehen. Aus diesem Grund müssen spezifische Angebote auch für nicht eheliche, alleinerziehende und soziale Väter usw. entwickelt werden (vgl. Bullinger, in: Brandes/Bullinger, 1996, S. 403). In verschiedenen Übergängen, die auch als lernintensive Phasen der Vaterrolle gelten, nehmen Väter eher als sonst Informationen und Orientierungsangebote an. Insbesondere die Transitionen, wie Schwangerschaft, Geburt, vertraut werden mit Vaterschaft und Inanspruchnahme der Elternzeit, bieten für Väter die Chance, eine intensive Beziehung zum Kind aufzubauen und die Rolle des reinen materiellen Versorgers abzulegen. Die jeweiligen Wandlungen der Familie bringen Veränderungen und Verunsicherungen mit sich. Vielfach geben sie Gelegenheit, die eigenen Rollen zu hinterfragen, sich mit gängigen Stereotypen zu befassen und Vaterschaft neu und kreativ zu gestalten sowie zu leben (vgl. Verlinden, in: Ministerium für Gesundheit, Soziales, Frauen und Familie des Landes NRW, 2004, S. 16). Diese Tendenz wirkt in Richtung auf die Veränderung des Bestehenden und die Schaffung und Erschließung neuer Perspektiven und Möglichkeiten. Es gibt aber auch eine andere Tendenz. Dabei soll das Bestehende aufrechterhalten und das Leiden durch das Festhalten an der unhinterfragten Selbstverständlichkeit der alten Leitbilder vermieden und verdrängt werden. Jedoch ist zu beachten, dass sich Väterarbeit immer nur mit der ersten Tendenz zur Veränderung verbündet. Sie nutzt die Transitionen als lernsensible Phasen, bietet Vätern Hilfen zur Bewältigung von Umbruchsituationen an und wird professionell über einen längeren Zeitraum betrieben. Die vielfältigen und teilweise widersprüchlichen Rollenerwartungen, in die Väter sich hineinbegeben, greift Väterarbeit auf und geht auf sie ein (vgl. Bullinger, in: Brandes/Bullinger, 1996, S. 403). Unter anderem will Väterarbeit Vätern dabei helfen, ihr Selbstbewusstsein zu stärken und einen eigenen Weg als Vater zu gehen, sich selbst und ihren eigenen Standpunkt in der Familie sowie zwischen Familie, Beruf und Freizeit zu reflektieren und darüber zu kommunizieren. Außerdem sollen die familialen Veränderungen als Chancen kreativ genutzt werden. Eigene Vorstellungen von Familie sollen entwickelt und in den Alltag eingebracht werden. Ein Ziel der Väterarbeit ist auch, dass die Väter eine glückliche und partnerschaftliche Beziehung leben, die sie aktiv gestalten und erweitern können. Zudem soll ihnen dabei geholfen werden, das Leben mit ihren Kindern zu genießen und aufkommende Konflikte in der Familie lösen zu können. Im Umgang der Väter mit den eigenen Wünschen und Gefühlen will Väterarbeit Sicherheit und Selbstbewusstsein schaffen. Ferner will Väterarbeit als politische Arbeit über die soziale Konstruktion von Männlichkeit aufklären. Damit soll Demokratie zwischen den Geschlechtern eintreten, mit den Zielen die Macht mit Frauen zu teilen, Gewalt abzubauen, rigide Rollenmuster individuell und gesellschaftlich zu flexibilisieren und letztendlich in Bezug auf die Elternzeit Väter dazu zu bewegen, sie in Anspruch zu nehmen (vgl. Verlinden, in: Ministerium für Gesundheit, Soziales, Frauen und Familie des Landes NRW, 2004, S. 18f.).

Allerdings darf aus der Vielfalt der Angebote nicht auf den Verbreitungsgrad und den Umfang von Väterarbeit geschlossen werden. Derzeit führt Väterarbeit quantitativ noch ein Schattendasein und muss aufgrund der hohen Relevanz bzw.

den erläuterten Aspekten weiter ausgebaut werden (vgl. Bullinger, in: Brandes/Bullinger, 1996, S. 402).

6.7 Beispiele von Vätern in Elternzeit

Um die Elternzeit von Vätern zu versinnbildlichen, lebendig darzustellen und noch genauer zu analysieren, werden zwei Väter, die in Elternzeit waren, als Beispiele herangezogen. Eine biographische Sichtweise fokussiert auf die beiden Väter und lässt einerseits die Motive und andererseits die persönlichen, familiären, beruflichen und finanziellen Auswirkungen noch klarer erscheinen. Gleichzeitig zeigen die beiden Beispiele, wie Väter tatsächlich die Elternzeit für den Umgang mit ihrem Kind bzw. die Erziehung ihres Kindes und die Wandlung in sich selbst nutzen. Außerdem bieten sich zwei Beispiele für einen Vergleich an. Dadurch können Unterschiede, Gemeinsamkeiten und ggf. noch andere Dinge festgestellt und analysiert werden.

Dafür wurden die Väter bezüglich ihrer Elternzeit gezielt befragt. Inhaltlich wurde u. a. auf die Entscheidungsfindung (d. h. welche Gründe für die Elternzeit des Vaters vorhanden und entscheidend waren), die bürokratische Umsetzung, die Arbeitsstelle, die Aufgabenteilung im Haushalt, die Erziehung, die Rollen der Eltern, die Gefühle, die Hilfen, den gewandelten Alltag, das Umfeld und die dazugehörigen Veränderungen eingegangen. Die Fragen bezogen sich zum einen auf die Zeit vor und nach der Geburt des Kindes und zum anderen auf die Zeit vor, in, sowie nach ihrer Elternzeit. Aus dieser Befragung heraus sind die beiden folgenden Beispiele entstanden.

6.7.1 Olaf B. – „Ich würde es jederzeit wieder tun!"

Olaf B. ist als Kameramann in Vollzeit bei einer Anstalt des öffentlichen Rechts tätig. Seine Lebensgefährtin Silke H. ist selbständige Journalistin. Bei der Geburt ihrer gemeinsamen Tochter Livia, die am 09. März 2009 geboren ist, ist sie 38 und er 39 Jahre alt. Gemeinsam sind sie zu dem Zeitpunkt vier Jahre zusammen. Außerdem war bereits ein Kind in ihrer Partnerschaft vorhanden, da sie ihren Sohn Konstantin in die Beziehung mit eingebracht hat.

Vor der Schwangerschaft war er sich sicher, dass sie ihr Leben auch mit zwei Kindern hinbekommen würden. Speziell auch dann, wenn er primär dafür in die Pflicht genommen würde. Vor der Beziehung wäre das für ihn tendenziell nicht denkbar gewesen, da zum einen sein Schritt zum Kameramann bevorstand und zum anderen das Elterngeld nicht in der Form bestand, wie nach den Reformen.

Bei der Entscheidungsfindung haben sie gemeinsam die Vorteile und die Nachteile einer Elternzeit von Olaf B. gegenübergestellt: Sie konnten aufgrund seiner Erwerbstätigkeit ein entsprechendes Elterngeld erwarten. Seine Lebensgefährtin hätte beruflich freie Hand gehabt, hätte mehr arbeiten und damit auch mehr als sonst verdienen können. Des Weiteren hätte sie in einer derartigen Konstellation keine Angst haben müssen, komplett aus der Arbeitswelt zu geraten und nur noch Hausfrau zu sein. Durch ihre Selbständigkeit und die damit verbundene variable Arbeitseinteilung hätte sie nicht jeden Tag arbeiten müssen, wie es bei ihm der Fall gewesen wäre. Damit wäre in der innerfamiliären Zeitplanung ein größerer Gestaltungsspielraum möglich gewesen. Die Nachteile bezogen sich auf seinen Beruf. Zum einen wäre ein Jahr in seiner Entwicklung zum Kameramann verloren gegangen und zum anderen hätte er während der Elternzeit keine dazugehörigen Kurse besuchen können. Da dennoch die Vorteile klar überwogen, stand der Entschluss für beide relativ früh fest, dass Olaf B. in Elternzeit gehen sollte.

Da er die 12 Monate Elternzeit mit Urlaubswochen davor und danach kombinierte, waren es letztendlich insgesamt etwa 13 Monate, in denen er direkt nach der Geburt von Livia in Elternzeit war. Davor waren beide finanziell sehr selbständig, sie haben etwa gleich viel verdient und es wurde alles gemeinschaftlich bezahlt. Da das Elterngeld nicht den vollen Lohn ersetzt hat, war er zum Teil auf ihr Geld angewiesen. Am Anfang war es für ihn ein merkwürdiges Gefühl, das sich aber mit der Zeit gelegt hat, weil er wusste, dass die finanzielle Abhängigkeit nicht lebenslänglich sein sollte. Generell fanden Olaf B. und Silke H. es „toll", dass sie überhaupt mit derartigen Lohnersatzleistungen rechnen konnten. Allerdings fanden sie die Antragstellung zu bürokratisch und mit einem enormen schriftlichen Aufwand verbunden.

Im Haushalt und in der Erziehung gab es vor der Geburt keine klassische Aufgabenteilung. Je nachdem wer Zeit für die Aufgaben hatte, wurden sie entsprechend von demjenigen erfüllt. Arbeitsbedingt schwankte dies. Allerdings brachte Silke H. meistens Konstantin zur Kindertagesstätte. Mit seiner Elternzeit kamen auch die Veränderungen. Sie hat deutlich mehr gearbeitet als zuvor. Parallel dazu hat er fast komplett die Aufgaben im Haushalt übernommen und die Zeit in die Erziehung bzw. Pflege der Kinder investiert. Obwohl er hin und wieder das Gefühl hatte, dass Arbeiten leichter ist, empfand er dies aber im Großen und Ganzen trotzdem nicht als überanstrengend. Livia war ein relativ pflegeleichtes Kind, weil sie viel geschlafen hat. Da alles zu Hause „super" lief, hat seine Frau die Arbeit genossen.

Während eines „Kita-Streiks" kumulierten die Aufgaben, weil auch Konstantin zu Hause bleiben musste und teilweise noch Freunde von Konstantin zu Besuch bzw. zum Spielen kamen. Selbst das war für Olaf B. „kein Problem".

Bis auf diese große Ausnahme war sein Alltag gewissermaßen strukturiert. Das Einfinden in die neue Rolle war für ihn dennoch ein Prozess. Grundsätzlich ist Olaf B. mit Silke H. gemeinsam aufgestanden und sie haben gemeinsam gefrühstückt. Silke H. ist danach arbeiten gefahren. Er hat gemeinsam mit seiner Tochter Konstantin zur Kindertagesstätte gebracht. Im Anschluss sind sie meist noch spazieren gegangen und dann ging es wieder nach Hause. Olaf B. hat dort mit Livia gespielt und sie hat danach an den meisten Tagen geschlafen. Diese „freie" Zeit nutzte er entweder für den Haushalt oder für sich selbst, wenn er denn damit fertig war. Dann wurde Konstantin abgeholt und die Zeit bis Silke H. wieder zurück war gemeinsam verbracht.

Als Höhepunkte empfand Olaf B. den Besuch von Freunden und das Treffen mit Nachbarn, die ebenfalls Kinder hatten. Er hätte sich selbst noch gewünscht, dass Freunde oder Kollegen auch ein Kind gehabt hätten. Das hätte seiner Meinung nach den Alltag noch mehr aufgefrischt, abgewechselt und den Rückgang seiner Kontakte verhindert. Durch seine Tochter war er an das Haus gebunden, was er nicht direkt als negativ empfunden hat. Ihm wurde aber dadurch bewusst, dass er in einer gewissen Art und Weise in seiner Freiheit eingeschränkt war.

Das Vertrauen seiner Frau war vollständig vorhanden und sie hatte an keiner Stelle und zu keinem Moment Bedenken, auch wenn sie in den ersten drei Monaten gestillt hat. Sie hatte diesbezüglich keine Angst, dass dem Kind etwas fehlen würde. Des Weiteren haben sie gemeinsam einen Kurs („Ernährung und Entwicklung") besucht. Dort wurde auf das Wickeln eingegangen. Ferner haben sie Hefte von der Stadtverwaltung erhalten und sich ansonsten im Internet informiert. Olaf B. nutzte darüber hinaus spezielle Literatur (das Buch „Oje, ich wachse!"), um u. a. die Entwicklungsphasen von Livia nachvollziehen zu können. In Hinsicht auf die Entwicklung des Kindes wollten sie sich aber keinen Druck aufbauen, weil sich Kinder individuell entwickeln; das eine schneller als das andere Kind. Mit Livia hat er einen Krabbelkurs und einen Schwimmkurs besucht. Dort fühlte er sich unter den vielen Müttern als „Exot" und nicht als dazu gehörig, weil sich die Themen auf weibliche Inhalte, wie Backen und Kochrezepte beschränkten. Die Mütter haben seiner Meinung nach die Kurse als sozialen Raum genutzt. Die Kinder wurden sich selbst überlassen. Dadurch hatten die Mütter entsprechend Zeit zum Reden. Olaf B. wollte hingegen mehr mit dem Kind machen, sodass er die Kurse „nicht gut" fand.

Bei Konstantin hat Olaf B. das erste Lebensjahr nicht mitbekommen, aber trotzdem hatten sie auch vor der Elternzeit ein gutes Verhältnis. Durch die Elternzeit wurde es intensiver. Olaf B. hat ihn beispielsweise beim „Seepferdchen" unterstützt. In der Rolle als Bruder hat Konstantin sich „toll" eingefunden. Dass er sich so gut um seine Tochter gekümmert hat, fand Olaf B. „besonders schön".

Als Vater und Partner hat er sich demokratisch, partnerschaftlich sowie mit einer entspannten Haltung gesehen. Gewisse Regeln und Grenzen vor allem in Bezug auf die Kinder waren dennoch genauso vorhanden, wie das Bewusstsein darüber, dass sie beide an einem Strang ziehen müssten. Zudem war er schon „locker", freundschaftlich, aber auch mit den angesprochenen Grenzen eingestellt. Wenn das Kind weinte, hat er es entspannter gesehen als manche Mutter und verfiel nicht gleich in Panik. Charakterlich hat er sich nicht verändert und er wollte nicht eine andere Rolle als die des Vaters annehmen. Des Weiteren hatte er nicht das Gefühl, dass Livia die Mutter fehlte. Trotz seiner Elternzeit fühlte sie sich nicht nur zu ihm, sondern auch zur Mutter hingezogen. Zusätzliche Sicherheit gab Silke H., dass sie zu jeder Zeit anrufen konnte. Olaf B. wusste wiederum, dass sie mehr Erfahrung in Bezug auf Ernährung und Umgang durch ihr erstes Kind hatte. Dies war für ihn förderlich, weil er dieses Wissen gleichermaßen zu jeder Zeit abrufen konnte.

In seiner Familie war eine klassische bzw. traditionelle Rollenverteilung vorhanden und besonders sein Vater hatte am Anfang Bedenken. Er empfand es als „komisch" und er hätte es selbst nicht gemacht. Seine Mutter hat seine Elternzeit direkt befürwortet. Erst mit der Zeit, d. h. als Olaf B. sich als neuer bzw. moderner Vater präsentiert hat, sind die Bedenken des Vaters verflogen. Insgesamt auf das Umfeld bezogen standen die Männer seiner Elternzeit skeptischer gegenüber als die Frauen. Zwar fanden die Männer es grundsätzlich „gut", aber hätten sich selbst in der Rolle nicht vorstellen können. Zumindest nicht für einen „so langen" Zeitraum. Die Frauen hingegen waren begeistert, dass er als Vater bzw. Mann in Elternzeit gehen wollte bzw. war. Sie hätten sich eine derartige Einstellung auch gerne von ihren Partnern gewünscht. Auf der Straße haben ihn Menschen „überrascht" wahrgenommen, aber mit durchweg positiven Reaktionen. Sein Arbeitgeber stand seiner Elternzeit sehr offen gegenüber und er hatte sogar ein übergeordnetes Anrecht auf Elternzeit. Sein direkter Vorgesetzter hätte es auch gemacht, wenn er früher diese Möglichkeiten gehabt hätte. Olaf B. wurde ein Zugriff auf seinen Email-Account ermöglicht, sodass er weiter seine Nachrichten lesen konnte. Obwohl er wissen wollte was im Beruf passiert, hat das Lesen der Mails immer mehr nachgelassen. Der Kontakt zum Arbeitgeber war dennoch da. Dies wird insbesondere daran deutlich, dass er mit Livia seine Arbeitsstelle besucht hat.

Bei dem Verhältnis zu den beiden Kindern hatte er das Gefühl, dass seine Elternzeit äußerst positiv gewirkt hat. Während der Elternzeit konnte er eine Beziehung zu den beiden Kindern aufbauen, die er ohne sie in der Form nicht hätte aufbauen können. Einerseits hatte Olaf B. einen intensiven Kontakt zu Livia, aber auch zu Konstantin, und andererseits hatte Silke H. intensiven Bezug zur Arbeit, was exakt ihren Vorstellungen und Wünschen entsprach. Vor allem die Entwicklung des Kindes zu sehen, hat bei ihm bleibenden Eindruck hinterlassen. Durch die gesammelten Erfahrungen sah er die Arbeit in seinem Beruf nicht mehr als so hart an. Dadurch war er nach der Elternzeit gelassener und entspannter. Insgesamt war die Elternzeit für ihn eine „tolle" Erfahrung und aus den angesprochenen Aspekten würde Olaf B. jederzeit wieder in Elternzeit gehen.

6.7.2 Paul K. – „In meinem Gefühl als Vater wurde ich gestärkt!"

Am 21.12.2010 ist Karolina, die gemeinsame Tochter von Paul und Violetta K., geboren. Zu diesem Zeitpunkt sind sie bereits verheiratet und er ist 26 und sie 22 Jahre alt gewesen. Bereits vor der Schwangerschaft haben sie gemeinsam alles geplant, um speziell in Bezug auf seinen Beruf als Einzelhandelskaufmann und ihr Studium alles so zu vereinbaren, dass bei einer Schwangerschaft bzw. bei einem Kind weder er noch sie Nachteile erleidet. Aus diesem Grund haben sie sich dazu entschlossen, die Elternzeit in Anspruch zu nehmen und sie untereinander aufzuteilen. Sehr früh stand fest, dass sie das erste halbe Jahr und er das zweite halbe Jahr nach der Geburt in Elternzeit geht. Besonders Paul K. hatte bereits vor der Schwangerschaft einen ausgeprägten Kinderwunsch, während Violetta K. noch Bedenken bezüglich des frühen Zeitpunkts hatte. Von ihm selbst ging die Initiative aus und von ihm selbst kam der Vorschlag in Elternzeit zu gehen. Die Variante der aufgeteilten Elternzeit nahm ihr zugleich die Bedenken, weil einerseits sie weiter studieren konnte und andererseits er seinen Beruf nicht komplett, sondern nur zeitlich befristet dafür opfern musste. Zwar hätte sie auch selber gerne die volle Elternzeit in Anspruch genommen, aber „leider" wäre diese Option für sie nicht vorteilhaft gewesen. Die Informationen hatten sie größtenteils aus dem Internet und aus Büchern. Die Behördengänge verliefen ohne Probleme. Nach circa zwei bis drei Wochen nach Antragsstellung hat die Behörde den Antrag genehmigt.

Seine Eltern hatten am Anfang Bedenken und Angst, weil sie sehr traditionell eingestellt waren. Der restliche Verwandten- und Freundeskreis hat es wiederum sehr positiv gesehen und es befürwortet. Auch beim Arbeitgeber gab es keine Schwierigkeiten. Die Mitarbeiter haben die Nachricht, dass er als Mann bzw. Vater in Elternzeit gehen möchte, äußerst positiv aufgenommen.

Vor der Geburt ihrer Tochter hatte sie bis auf das Staubsaugen, das er gelegentlich übernahm, die gesamte Verantwortung für den Haushalt. Demzufolge gab es eine eindeutige traditionelle Rollenverteilung; sie sorgte für die Ordnung im Haushalt und er war der Geldverdiener. Dies änderte sich während des ersten halben Jahres nach der Geburt nicht, in dem Violetta K. die Elternzeit in Anspruch nahm. Erst als er in Elternzeit war und sie sich mehr dem Studium widmete, haben sich die Rollen und Aufgaben verändert. Kindererziehung und Haushalt gehörten nun zu seinem Tätigkeitsfeld. Diesbezüglich hatte seine Frau vollstes Vertrauen. Als Paul K. in Elternzeit ging, hatte sie nur das Bedenken, dass Karolina ihre Brust verlangen könnte, wenn sie nicht da wäre. Allerdings hat entgegen dieser Sorge alles reibungslos funktioniert.

Paul K., der sich als neuer und zugleich moderner Vater gefühlt hat, hat dieses auch entsprechend gelebt. Ob Frauenarzttermine, Geburtsvorbereitungskurse oder Vorsorgeuntersuchungen, Paul K. war „immer an der Seite" seiner Frau bzw. seines Kindes. Er selbst war mit Karolina alleine in diversen Kursen. Zum großen Teil waren nur Frauen bzw. Mütter mit ihren Kindern anwesend. Dies störte ihn nicht und er fühlte sich auch nicht ausgeschlossen. Zum Teil kannte er einige aus Vorkursen. In einigen Liedern wurde sogar extra für ihn der Begriff „Papa" eingebaut. In seinem Gefühl als Vater haben ihn diese Sachen gestärkt, ihm ein sicheres Gefühl gegeben und ihm zugleich Ängste genommen. Daher hat er die Kurse stark befürwortet.

Darüber hinaus gab das Kind nicht nur Violetta K., sondern auch ihm einen neuen Sinn im Leben. Dadurch hat sich seine Einstellung zum Leben verändert, weil nun seine Familie in den Vordergrund gerückt ist. Das strahlte er nach außen aus. Das Schieben des Kinderwagens empfand er als „total cool" und die Leute waren ihm egal, sodass er nicht verspürt hat, dass ihn dabei irgendjemand irgendwie „komisch" angeguckt hat. Zudem hat Paul K. sich nie darüber Gedanken gemacht, ob er aufgrund seiner Elternzeit nicht mehr als Mann gelten würde. Für ihn war alles normal. Er fühlte sich nicht in die Mutterrolle versetzt. Vielmehr wurde er in seinem Gefühl als Vater gestärkt. Genauso wie die Einstellung zum Leben hat sich der ganze Alltag verändert. Er war komplett nach dem Kind ausgerichtet. Dadurch fühlten sich Paul und Violetta K. noch wohler und glücklicher als vor der Zeit ohne Kind. Sein Erziehungsstil war „locker und ruhig". Als Vorteil erwies sich, dass Karolina nicht mehr in der Neugeborenenzeit war. Paul und Violetta K. hatten das Gefühl, dass sie nicht mehr so „anstrengend" war, wie in den ersten Monaten. Am Anfang seiner Elternzeit hat das Kind häufig gemerkt, dass Violetta K. das Haus verlassen möchte. Die damit verbundenen kleinen Probleme (z. B. weinen oder nicht loslassen der Mutter) sind dann aber schnell verflogen. In der ersten Zeit hat Violetta K. ihm dennoch einen gesamten Plan erstellt, was er denn wie tun müsse. Das legte sich mit der Zeit, weil er alles im Griff hatte und sie ihm daher das vollste Vertrauen schenkte. In ihrer Kindheit hatte sie ebenfalls einen engen Bezug zu ihrem Vater. Somit wusste sie aus eigener Erfahrung, dass nicht nur Mütter, sondern auch Väter gut mit Kindern umgehen können.

Grundsätzlich war Paul K. während der Elternzeit tagsüber auf sich alleine gestellt, weil seine Frau in der Zeit ein Praxissemester absolvierte und daher weniger Zeit als sonst hatte. Er hätte zwar keine Unterstützung gebraucht, aber dennoch kam seine Schwiegermutter ab und zu, um ihm zu helfen. Diese Zeit konnte er dazu nutzen, um beispielsweise „in Ruhe" Einkaufen zu gehen oder andere Besorgungen für die Familie zu erledigen. Während seiner Elternzeit lebten sie von seinem Elterngeld. Augrund dessen, dass es nicht den vollen Lohn ersetzt hat, mussten sie mit deutlich weniger Geld auskommen. Sie haben das einkalkuliert und bereits vorher ein Jahr lang Geld gespart, um einen Teil selbst auszugleichen. Dennoch hätten sie sich ein höheres Elterngeld und eine längere Elternzeit gewünscht.

Nach der Elternzeit haben sich die Rollen wieder zurückgedreht. Paul K. war durch seine Berufstätigkeit wieder in der Ernährerrolle und Violetta K. in der Hausfrauenrolle. Nach der Arbeit nutzt Paul K. dennoch die freie Zeit für sein Kind, weil für ihn weiterhin seine Familie „an erster Stelle" steht. Paul K. würde auf jeden Fall wieder in Elternzeit gehen, weil er die intensive Zeit mit dem Kind genossen hat. Er hat eine starke Beziehung zum Kind aufbauen und viele kleine einzelne Momente seiner Tochter erleben können. Ohne die Elternzeit wäre es ihm in der Form wohl verwehrt geblieben.

6.7.3 Analyse der beiden Väter in Elternzeit

Alleine die beiden Beispiele zeigen bereits, dass eine Elternzeit grundsätzlich unterschiedlich aufgebaut und ausgelebt werden kann. Dadurch können zahlreiche Gemeinsamkeiten und Unterschiede aus einem Vergleich gezogen werden. Eine Verallgemeinerung auf der Grundlage von zwei Beispielen lässt sich zwar direkt nicht treffen, allerdings lassen sich aus einem derartigen Vergleich dennoch einige wichtige Aspekte herausstellen und relevante Erkenntnisse herleiten.

Die Initiative und der Wunsch zum Kind sowie zur Elternzeit gingen von den Vätern aus. Beide sahen sich in die Pflicht genommen, die berufliche Karriere bzw. die Qualifizierung der Frauen nicht zu gefährden. Gleichzeitig wollten sie ihrem Leben durch ein Kind einen neuen Sinn geben und sich neu definieren. Dadurch zeigt sich, dass in der Realität der neue Mann als Bewältigungsstrategie für Familie und Beruf auf einen Nährboden innerhalb von Paaren trifft und zugleich schon genutzt wird (vgl. Gärtner/Riesenfeld, in: Boekle/Ruf, 2004, S. 97f.). Die gute Planung, Vorbereitung und Informiertheit der beiden Paare bezüglich der Elternzeit spiegeln das Bewusstsein wider und dass nichts dem Zufall überlassen wird. Bereits dafür wird Verantwortung benötigt, die bei den beiden Eltern vorhanden war.

Die variable Gestaltungsmöglichkeit der Elternzeit ermöglicht Familien Flexibilität. Sie kann entsprechend den Gegebenheiten angepasst und ausgeübt werden. Die Elternzeit ist ein Symbol des Gender Mainstreamings, weil die Inanspruchnahme beiden Geschlechtern gleichermaßen ermöglicht wird. Damit ist die Gleichstellung in der familienpolitischen Maßnahme der Elternzeit durchweg verankert (vgl. Erhardt, in: Jansen/Röming/Rohde, 2003, S. 14). Die unterschiedlichen Erfahrungen mit der Bürokratie bei der Antragstellung bzw. Genehmigung zeigen jedoch, dass sowohl der Aufwand als auch die Zeit zum einen von der Behörde und zum anderen von der individuellen Familiensituation abhängen. Entscheidend ist aber, dass beide Geschlechter gleichberechtigt Elternzeit in Anspruch nehmen und davon partizipieren können, so wie das in den beiden Beispielen passiert ist. Die Elternzeit inklusive Elterngeld ist daher ein Beleg dafür, dass die Politik das Gender Mainstreaming als Querschnittsaufgabe versteht und entsprechend handelt, um die damit verbundenen positiven Effekte zu erreichen und „Win-Win Situationen" für beide Geschlechter zu schaffen.

Selbstverständlicherweise muss auch die Wirtschaft mitziehen. Im Wesentlichen sind damit die Unternehmen gemeint. Bei den Beispielen haben die Arbeitgeber die Elternzeit der Väter toleriert, die Väter unterstützt und keine Schwierigkeiten bereitet. Aufgrund dessen scheinen auf der unternehmerischen Ebene die Voraussetzungen und Grundlagen für Elternzeit vorhanden und gegeben zu sein. Zwangsläufig müssen alle Unternehmen dieses Potential sehen, um überhaupt konkurrenzfähig zu sein. Wie später noch deutlicher wird, entsteht ein Gleichgewicht zwischen Beruf und Familie, welches nicht nur während der Elternzeit, sondern auch darüber hinaus anhält. Beispielsweise haben die Männer nach der Elternzeit die Zeit im Beruf entspannter gesehen. Es verbesserte sich ihr Wohlbefinden und steigerte ihre Leistungsfähigkeit.

Die Partnerschaft von Olaf B. und Silke H. war im Gegensatz zu Paul und Violetta K., die noch eine traditionelle Rollenverteilung aufwiesen, bereits vor der Elternzeit entsprechend der Definition einer modernen Arbeitsteilung entwickelt, weil beide gleichberechtigt u. a. für den Haushalt verantwortlich waren. Dennoch hat bei beiden Paaren zwischen den Geschlechtern eine Veränderung und Verschiebung zwischen Familie und Beruf stattgefunden. Aufgrund der Elternzeit übernahmen die Väter die Verantwortung für die Familie, d. h. für den Haushalt und die Erziehung der Kinder. Unabhängig von den herrschenden Rollenaufteilungen haben trotzdem Veränderungen stattgefunden. Damit wird belegt, dass in verschiedenen Konstellationen Väter Elternzeit in Anspruch nehmen können und wollen. Sie üben die ursprünglich den Frauen zugeordneten Aufgaben des Haushalts und der Erziehung genauso gut aus, wie ihre weiblichen Partner es tun würden. Dies realisiert die Wünsche der beiden Elternteile und wirkt sich positiv auf die Entwicklung des Kindes sowie das Verhältnis der Eltern zum Kind aus, wie die beiden Beispiele belegen. Außerdem haben die beiden Männer damit ihren Frauen die Angst genommen, durch ein Kind im Haushalt gefangen zu sein (vgl. Barabas/Erler, 2002, S. 66ff.). Obwohl im zweiten Beispiel die Frau nach der Elternzeit des Mannes wieder zum großen Teil die Aufgaben im Haushalt übernahm, ist dies dennoch kein Beleg dafür, dass die Elternzeit nicht nachhaltig wirkt. Dies hatte nämlich mehr mit seiner zeitlichen Verfügbarkeit und weniger mit einer abneigenden Haltung gegenüber den häuslichen Aufgaben zu tun. Paul K. wollte die freie Zeit vielmehr für das Kind und nicht für den Haushalt opfern.

Durch die Elternzeit konnten beide Väter noch besser eine aktive Vaterschaft ausleben und dadurch eine stärkere Bindung sowie ein innigeres Verhältnis zum Kind aufbauen. Dieses sind Grundelemente für das Leben in der Familie, die speziell im höheren Alter des Kindes noch relevanter werden. Eine gute Beziehung ermöglicht der Familie, als personenprägende und gesellschaftsbildende Institution zu greifen und damit die grundlegenden und zugleich unersetzlichen Leistungen zu erbringen (vgl. Nave-Herz, in: Kreft/Mielenz, 2008, S. 279f.). In der Erziehung waren die Väter im Vergleich zu den Müttern lockerer, freundschaftlicher und entspannter. Damit hatten sie noch einen anderen Bezug zum Kind als die Mütter. In beiden Fällen gab es aber keinerlei erwähnenswerte Missverständnisse, Konflikte oder Probleme, sodass Harmonie und Einheit unter den Eltern geherrscht haben, die als notwendige Bedingung elterlicher Erziehung gelten (vgl. Drinck, 2005, S. 59).

Zu beachten ist, dass die stereotypen maskulinen Eigenschaften neu aufzustellen sind. Viele der herrschenden Auffassungen passen nicht mehr, sodass einige gestrichen, ergänzt oder neu definiert werden müssen. Die stereotypen maskulinen Eigenschaften kennzeichnen sich nicht mehr im Wesentlichen durch etwas Hartes und Strenges, sondern sie beinhalten nun auch weiche Züge, die sich beispielsweise auf die Fürsorge, das Verständnis und die Toleranz beziehen. Diese Transformation lässt sich auf das „doing" Gender zurückführen. Mit Hilfe der beiden Beispiele lässt sich dieses darstellen. Gemäß der Theorie des „doing" Gender stellten Olaf B. und Paul K. ihr männliches Geschlecht insbesondere durch ihre aktive und passive Beteiligung als Väter her. Als hergestelltes Geschlecht widersprachen sie jedoch den traditionellen Rollenerwartungen, indem sie die Elternzeit in Anspruch genommen haben und zu Hause blieben. Damit beteiligten sie sich daran die männliche Rolle neu zu definieren, zu verändern und aufzubrechen (vgl. Merz, 2001, S. 53f.). Diese neuen Rollenauffassungen haben sich mittlerweile in der Gesellschaft immer mehr verfestigt. Die neue Rolle wird von immer mehr Vätern ausgelebt und zugleich wird sie von der Gesellschaft immer seltener als Abweichung aufgefasst. Aufgrund dieser Entwicklung sind entsprechend Anpassungen bei den stereotypen maskulinen Eigenschaften nötig (vgl. Frey/Dingler, in: Heinrich Böll Stiftung, 2002, S. 11).

Des Weiteren wird die Nachhaltigkeit der Elternzeit im Wohlbefinden der Väter, das über die in Anspruch genommene Elternzeit hinausging, ersichtlich. Als Strategie bringt die Elternzeit des Mannes Einklang zwischen den Lebensbereichen Beruf und Familie (vgl. Notz, 2003, S. 28). Das gleiche macht sie mit den Lebensbereichen Beziehungen, Gesundheit und Sinn, sodass durch die Elternzeit gemäß des Work-Life-Balance Konzepts eine Ausgewogenheit erreicht wird (vgl. Brauner, in: Werneck/Beham/Palz, 2006, S. 57). Die Elternzeit löst damit das Spannungsfeld des Mannes auf, liefert Leitbilder und schafft eine neue Männlichkeit, die sich gesellschaftlich durchsetzen kann (vgl. Gärtner/Riesenfeld, in: Boekle/ Ruf, 2004, S. 99). Die beiden Männer haben diese neuen Formen von Männlichkeit in ihr Leben geführt und für sich die alt herrschenden Konstruktionen und die tradierten Männlichkeitsnormen revidiert (vgl. Welpe/Schmeck, 2005, S. 92). Je mehr Männer dies tun, desto wahrscheinlicher ist es, dass die neue Männlichkeit zur Selbstverständlichkeit und Normalität wird.

Viele Frauen möchten, dass ihre Partner diese neue Männlichkeit ausleben. Dafür schenken sie ihnen das unerlässliche Vertrauen, wenn ihre Männer diesen Schritt machen. Sowohl Olaf B. als auch Paul K. hatten exakt dieses Vertrauen ihrer Partnerinnen, die hundertprozentig hinter ihnen standen. Dieses hat den Männern noch zusätzliche Kraft und Motivation gegeben. Damit wurden sie in ihren Rollen als Väter noch mehr gestärkt. Außerdem haben beide Väter sowohl im näheren als auch im weiteren Umfeld, bis auf eine gewisse Skepsis von wenigen Leuten, keinerlei größere Probleme erfahren. Entsprechend der Gender-Theorie wird durch die neue soziale Kategorisierung des männlichen Geschlechts eine neue soziale Ordnung erzeugt, die erst danach die neuen Männer hervorbringt und die soziale Wirklichkeit des Geschlechts zeigt (vgl. Gildemeister, in: Buchen/Helfferich/Maier, 2004, S. 30). Im Alltag herrschte Erstaunen aber zugleich Bewunderung für sie, dass sie sich als Männer so liebevoll um ihre Kinder kümmerten. Aus diesem Grund scheint die Gesellschaft für diese neue Männlichkeit bereit zu sein.

Allerdings zeigen die Wünsche der beiden Väter, dass noch Veränderungspotential vorhanden ist. Eine Optimierung der Elternzeit und des Elterngeldes ist zwangsläufig vonnöten, um den familiären, partnerschaftlichen, beruflichen und gesellschaftlichen Gegebenheiten noch besser gerecht zu werden.

6.8 Zusammenfassung

In den letzten Jahrzehnten hat das Engagement der Väter in der Familie stark zugenommen. Mit dem neu ausgelegten Bundeselterngeld- und Elternzeitgesetz wurde dies unterstützt, um gleichzeitig den Anforderungen der Gesellschaft gerecht zu werden. Die Beteiligung der Väter entlastet die Mütter, die zunehmend emanzipiert sind und nach beruflicher Karriere streben. Für Väter entsteht durch aktive Vaterschaft ein neues Gefühl von sich selbst. Eine Inanspruchnahme der Elternzeit fördert diese Vateridentität, hilft die traditionelle Rollenauslegung aufzulösen und sie zugleich zu ordnen. Damit die einhergehenden Prozesse laufen und die Väter in ihre neue Rolle hineinwachsen können, sind unterstützende Strukturen erforderlich sowie eine väterfreundliche Gesellschaft. Die Reformen per 01.01.2007 bewirkten, dass das Gesetz stärker auf die Gleichberechtigung von Männern und Frauen bzw. von Vätern und Müttern abzielt. Dadurch kann speziell das männliche Geschlecht die Möglichkeiten besser nutzen. Die Anreize der Elternzeit und des Elterngeldes sind seither besser auf beide Geschlechter abgestimmt, was dazu geführt hat, dass die Anzahl der Väter in Elternzeit kontinuierlich gestiegen ist. Die Elternzeit entfaltet somit die ihm vom Gesetzgeber zugedachten Wirkungen.

Es gibt zahlreiche Motive für eine Elternzeit des Vaters. Aus der Genderperspektive werden die wichtigsten Motive ersichtlich: Veränderungswünsche in Bezug auf Familie und Beruf, Aufbau einer intensiveren Vater-Kind-Beziehung, Auslebung einer aktiven Vaterschaft, Unterstützung und Entlastung der Partnerin, zunehmende Kindzentriertheit, Gegenpol zum Berufsleben, eine bessere finanzielle Situation etc. Dass Männer überhaupt in Elternzeit gehen möchten, resultiert aus den Veränderungen in ihrer Einstellung und in ihrem Handeln im Sinne des „doing" Gender. Obwohl es im Wesentlichen einerseits an ihrem Unbehagen an der dominanten Ausrichtung auf beruflichen und materiellen Erfolg sowie andererseits an ihrem Streben nach einer emotionalen Beziehung zu ihrer Frau und ihrem(n) Kind(ern) liegt, dürfen die anderen Motive trotzdem nicht vernachlässigt werden.

Die Inanspruchnahme der Elternzeit von Vätern hat für sie persönliche, familiäre, berufliche und finanzielle Auswirkungen. Es findet eine Prioritätenverschiebung in Richtung Familie sowie einer gleichberechtigten Teilhabe an der elterlichen Verantwortung statt. Im Fordergrund steht für den Mann, die Frau als gleich zu akzeptieren und sie zu unterstützen, ohne sich dabei selbst als Mann bedroht zu fühlen.

Die Väter definieren ihre eigene Identität und ihr eigenes Selbstwertgefühl neu. Des Weiteren passen sie ihre Lebensziele der neuen Gegebenheit an und legen die Beziehungen zu anderen Menschen neu fest. Tendenziell verliert das soziale Umfeld an Bedeutung und die Beziehung zum Partner bzw. zum Kind wird deutlich stärker. Als verlässlicher, kooperativer und teamfähiger Partner lernt er die weichen Fähigkeiten. Davon profitiert nicht nur der Mann selbst, sondern ebenfalls der Arbeitgeber. In wenigen Konstellationen sind negative Effekte möglich, die aber mehr Randerscheinungen sind und daher prinzipiell vernachlässigt werden können. Die Kombination aus Work-Life-Balance und Gender Mainstreaming bietet Anknüpfungsmöglichkeiten, um das Ungleichgewicht bzw. die Spannung von Arbeit und Leben für beide Geschlechter zu beseitigen. Die Umverteilung der beruflichen und familiären Aufgaben zwischen Männern und Frauen ist daher als geschlechterpolitische Folgerung zur Vereinbarkeit von Beruf und Familie zu sehen. Mit der Elternzeit der Väter kann dieses geforderte Gleichgewicht zwischen Beruf und Familie gefunden bzw. erreicht werden.

Väterarbeit rückt somit in den Fordergrund und wurde in dem Maße notwendig, wie Vaterschaft als soziales Problem wahrgenommen und öffentlich identifiziert wurde. Sie soll die Auswirkungen der als Individualisierung und Pluralisierung bezeichneten gesellschaftlichen und damit auch die privaten Veränderungsprozesse aufgreifen, um die Väter in ihrer Entwicklung zu unterstützen und zu stärken. Demokratie soll zwischen den Geschlechtern eintreten mit den Zielen, die Gleichberechtigung durchzusetzen, die traditionellen Rollen sowohl individuell als auch gesellschaftlich zu flexibilisieren und letztendlich Väter dazu zu bewegen, in Elternzeit zu gehen.

Die Beispiele von Olaf B. und Paul K. versinnbildlichen die angesprochenen Aspekte und lassen sie lebendig werden. Mit diesem Realitätsbezug erhält die theoretische Sichtweise noch mehr an Prägnanz.

Fazit

Die alte, strenge und harte Männlichkeit ist nicht mehr zeitgemäß. Männer versuchen aus diesem Grund, sie parallel zu den Veränderungen in der Gesellschaft neu zu entdecken, zu verändern und neu zu definieren. Auf der einen Seite möchten sie innerhalb der Familie nicht mehr der traditionelle Ernährer sein, sondern eine aktive Vaterschaft annehmen. Da auf der anderen Seite für die Frauen die berufliche Karriere in den Vordergrund gerückt ist und viele dafür ihren Kinderwunsch, der bei fast jeder Frau vorhanden ist, unterdrücken, möchten die Männer ebenfalls dieses lösen.

Voraussetzung für eine Veränderung ist aber, dass ein Bewusstsein zum einen für das männliche und zum anderen für das weibliche Geschlecht vorhanden ist bzw. aufgebaut wird. Denn Lösungen finden sich bei einer gewissen Kombination.

Auf die nach der neuen Männlichkeit und Identität strebenden und suchenden Männer ist der Blick zu richten. Sie sind es, die stärker beachtet werden müssen, wenn es um das Thema Kind geht, weil sie viel Potential besitzen, das allerdings durch die veralteten und nicht mehr zeitgemäßen Rollen- und Eigenschaftszuschreibungen unterdrückt wird und dadurch nicht genutzt werden kann. Somit sind die Väter, die sich stärker in die Familie integrieren und ihre Fixierung auf den Beruf lösen möchten, diesem Wunsch entsprechend zu fördern. Die Förderung bezieht sich auf politische Maßnahmen, die von der Legislative im Sinne des Gender Mainstreaming umgesetzt werden muss, um die dafür erforderlichen Strukturen zu schaffen. Eine nachhaltige Familienpolitik setzt somit eine Berücksichtigung der weiblichen und männlichen Belange (Berufstätigkeit der Frau und aktive Vaterschaft des Mannes) voraus.

Eine bessere Konstellation und Einstellung bei beiden Geschlechtern könnte es nicht geben. Denn anders ausgedrückt möchten die Frauen bzw. Mütter den Männern bzw. Vätern den benötigten Raum in der Familie geben. Unbewusst und heutzutage noch nicht genug fordernd würden sie sich darüber hinaus eine stärkere Beteiligung des Mannes wünschen.

Wenn diese Wünsche der beiden Geschlechter nun zusammenfallen und dafür die nötigen Strukturen sowie Rahmenbedingungen vorhanden sind, dann entstehen Synergieeffekte, die beide Geschlechter zur Elternschaft bewegen und zugleich in ihrem Leben glücklich machen.

Heutzutage steht die Männlichkeit im Wandel und ist offen für die weicheren Eigenschaften („soft skills"), die innerhalb der Familie aufgebaut und zugleich benötigt werden (vgl. Brauner, in: Werneck/Beham/Palz, 2006, S. 58). Außerdem verändern sich die Geschlechterrollen. Die traditionellen Väter verlieren an Bedeutung und Tragkraft in der Familie und in der Gesellschaft. Grundsätzlich verändert sich damit das gesamte männliche Geschlecht. Es wird gemäß des „doing" Gender neu hergestellt und dadurch zum Konstrukt der sozialen Wirklichkeit. Zugleich ist der Wandel vom traditionellen zum modernen Vater demzufolge ein besonderes Beispiel des „doing" Gender.

Allerdings muss dieser Paradigmenwechsel auf allen Ebenen stattfinden. Politik, Verwaltungen, Unternehmen etc. müssen beide Geschlechter an allen gesellschaftlichen und wirtschaftlichen Bereichen gleichberechtigt teilhaben lassen (vgl. Klimeck/Glagow-Schicha, 2005, S. 19). Sie müssen die alten Männlichkeitsnormen verändern, um den Männern die Freiheit und Möglichkeit zu geben, die eigene Geschlechtsidentität zu reflektieren und in den neuen Formen der Männlichkeit zu leben. Obwohl bereits heute wichtige Schritte in diese Richtung gemacht worden sind, besteht trotzdem noch weiterer Veränderungsbedarf (vgl. Welpe/Schmeck, 2005, S. 92).

Der hohe Stellenwert der Familie aufgrund ihrer personenprägenden und gesellschaftsbildenden Leistung betont noch einmal die hohe Relevanz. Familien müssen aus der Krise geführt werden. Der neue Mann bietet sich hierfür als Bewältigungsstrategie an. Eine moderne Vaterschaft ist Voraussetzung für den Aufbau einer besonderen Vater-Kind-Beziehung und Vaterkraft, die über die Kindheit hinaus positive Effekte mit sich bringen.

Eine Elternzeit der Väter beschleunigt viele Prozesse und schafft eine Work-Life-Balance. Beispielsweise können die Männer besser ihre Vateridentität aufbauen und intensiver die Zeit mit ihrem Kind bzw. mit ihrer Familie verbringen. Damit wird die traditionelle Rollenauslegung angegriffen, aufgelöst und zugleich im Sinne der neuen Männlichkeit geordnet. Durch das neue Bundeselterngeld- und Elternzeitgesetz wurden wichtige Schritte dahingehend gemacht und die Strukturen, damit insbesondere Väter Elternzeit in Anspruch nehmen, begünstigt. Die beiden Beispiele versinnbildlichen und belegen die angesprochenen Aspekte. Außerdem zeigen sie deutlich, wie unterschiedlich die Auslegung und Auslebung der Elternzeit sein können. Trotz dieser gewissen Unterschiede offenbaren sie dennoch den Handlungsbedarf, der bei der Elternzeit besteht. Darüber hinaus müssen die Strukturen (z. B. Kinderkrippen) weiter ausgebaut werden, damit auch nach einer Inanspruchnahme der Elternzeit die Eltern wieder ihre Berufstätigkeit aufnehmen bzw.

weiter fortführen können. Dennoch stehen die Vorzeichen gut, dass in Zukunft noch mehr Väter in Elternzeit gehen.

Demnach zeigt und bestätigt sich, dass sich das männliche gesellschaftliche, soziale und kulturelle Geschlecht wandelt: Männer „doing" Gender! – Väter in Elternzeit sind ein Beleg dafür.

Literatur

Alfermann, Dorothee: Geschlechterrollen und geschlechtstypisches Verhalten. Stuttgart u. a. 1996.

Althammer, Jörg: Familie und Arbeitswelt. in: Bundesministerium für Familie, Senioren, Frauen und Jugend (Hrsg.): Vaterschaft und Elternzeit. Eine interdisziplinäre Literaturstudie zur Frage der Bedeutung der Vater-Kind-Beziehung für eine gedeihliche Entwicklung der Kinder sowie den Zusammenhalt in der Familie. Berlin 2011.

Athenstaedt, Ursula/Alfermann, Dorothee: Geschlechterrollen und ihre Folgen. Eine sozialpsychologische Betrachtung. Stuttgart 2011.

Baader, Meike Sophia: Vaterschaft im Spannungsverhältnis zwischen alter Ernährerrolle, neuen Erwartungen und Männlichkeitsstereotype. Die Thematisierung von Vaterschaft in aktuellen Print-Medien. Weinheim u. a. 2006.

Bäcker, Gerhard/Naegele, Gerhard/Bispinck, Reinhard/Hofemann, Klaus/Neubauer, Jennifer: Sozialpolitik und soziale Lage in Deutschland. Band 2: Gesundheit, Familie, Alter und Soziale Dienste. Wiesbaden, 4., grundlegend überarbeitete und erweiterte Auflage, 2008.

Baer, Angela: Was ist nun mit dem neuen Mann? Das Männerbild im Test der Medien. Stuttgart 1998.

Baer, Susanne: Gender Mainstreaming – Theorie und Recht zum Wandel der Gleichstellungspolitik an Hochschulen. In: Baaken, Uschi/Plöger, Lydia (Hrsg.): Gender Mainstreaming. Konzepte und Strategien zur Implementierung an Hochschulen. Bielefeld 2002.

Badinter, Elisabeth: Der Konflikt. Die Frau und die Mutter. München 2010.

Badinter, Elisabeth: XY – Die Identität des Mannes. München 1993.

Bambey, Andrea/Gumbinger, Hans-Walter: Neue Väter – andere Kinder?. Das Vaterbild im Umbruch – Zwischen gesellschaftlichen Erwartungen und realer Umsetzung. in: Forschung Frankfurt 4/2006.

Barabas, Friedrich K./Erler, Michael: Die Familie. Lehr- und Arbeitsbuch für Familiensoziologie und Familienrecht. Weinheim u. a., 2., völlig überarbeitete und erweiterte Auflage, 2002.

Baronsky, Alexandra/Gerlach, Irene: Väter als Adressaten der deutschen Familienpolitik. In: Bundesministerium für Familie, Senioren, Frauen und Jugend (Hrsg.): Vaterschaft und Elternzeit. Eine interdisziplinäre Literaturstudie zur Frage der Bedeutung der Vater-Kind-Beziehung für eine gedeihliche Entwicklung der Kinder sowie den Zusammenhalt in der Familie. Berlin 2011

Becker, Ruth: Lebens- und Wohnformen: Dynamische Entwicklung mit Auswirkungen auf das Geschlechterverhältnis. In: Becker, Ruth/Kortendiek, Beate (Hrsg.): Handbuch Frauen- und Geschlechterforschung. Theorie, Methoden, Empirie. Wiesbaden 2004.

Bellermann, Martin: Sozialpolitik. Eine Einführung für soziale Berufe. Freiburg im Breisgau 2008.

Bergmann, Christine: Vorwort. In: Bundesministerium für Familie, Senioren, Frauen und Jugend (Hrsg.): Die Rolle des Vaters in der Familie. Berlin 2001.

Bertram, Hans: Einleitung: Die plurale Moderne. In: Bertram, Hans/Ehlert, Nancy (Hrsg.): Familie, Bindung und Fürsorge. Familiärer Wandel in einer vielfältigen Moderne. Opladen u. a. 2011.

Bertram, Hans: Familien leben. Neue Wege zur flexiblen Gestaltung von Lebenszeit, Arbeitszeit und Familienzeit. Güterloh 1997.

Bertram, Hans: Nachhaltige Familienpolitik im europäischen Vergleich. In: Berger, Peter A./Kahlert, Heike (Hrsg.): der demographische Wandel. Chancen für die Neuordnung der Geschlechterverhältnisse. Frankfurt am Main 2006.

Bertram, Hans/Rösler, Wiebke/Ehlert, Nancy: Zeit, Infrastruktur und Geld: Familienpolitik als Zukunftspolitik. In: Bundeszentrale für politische Bildung (Hrsg.): Aus Politik und Zeitgeschichte. Familienpolitik. Heft 23-24/2005. Bonn 2005.

Bohn, Irina: Gender Mainstreaming. In: Kreft, Dieter/Mielenz, Ingrid (Hrsg.): Wörterbuch Soziale Arbeit. Aufgaben, Praxisfelder, Begriffe und Methoden der Sozialarbeit und Sozialpädagogik. Weinheim u. a., 6. Auflage, 2008.

Brauner, Sonja: Maßnahmen zur Vaterförderung. In: Werneck, Harald/Beham, Martina/Palz, Doris (Hrsg.): Aktive Vaterschaft. Männer zwischen Familie und Beruf. Gießen 2006.

Brenner, Gerd/Grubauer, Franz: Thema: Geschlechterrollen. Ein Problemaufriß. In: Brenner, Gerd/Grubauer, Franz (Hrsg.): Typisch Mädchen? Typisch Junge?. Persönlichkeitsentwicklung und Wandel der Geschlechterrollen. Weinheim u. a. 1991.

Brinck, Christine: Mütterkriege. Werden unsere Kinder verstaatlicht?. Freiburg im Breisgau 2007.

Bullinger, Hermann: Väterarbeit. In: Brandes, Holger/Bullinger, Hermann (Hrsg.): Handbuch Männerarbeit. Weinheim 1996.

Bundesministerium für Familie, Senioren, Frauen und Jugend: Elterngeld und Elternzeit. Das Bundeselterngeld- und Elternzeitgesetz. Berlin 2012a.

Bundesministerium für Familie, Senioren, Frauen und Jugend: Familienreport 2011. Leistungen, Wirkungen, Trends. Berlin 2012b.

Connell, Robert W.: Der gemachte Mann. Konstruktion und Krise von Männlichkeiten. Opladen 1999.

Degele, Nina: Gender/Queer Studies. Eine Einführung. Paderborn 2008.

Dette-Hagenmeyer, Dorothea/Reichle, Barbara: Arbeitsteilung in der Partnerschaft. In: Bundesministerium für Familie, Senioren, Frauen und Jugend (Hrsg.): Vaterschaft und Elternzeit. Eine interdisziplinäre Literaturstudie zur Frage der

Bedeutung der Vater-Kind-Beziehung für eine gedeihliche Entwicklung der Kinder sowie den Zusammenhalt in der Familie. Berlin 2011.

Deutsch-Stix, Gertrud/Janik, Helga Maria: Hauptberuflich Vater. Paare brechen mit Traditionen. Wien 1993.

Dienel, Christiane: Familienpolitik. Eine praxisorientierte Gesamtdarstellung der Grundlagen, Handlungsfelder und Probleme. Weinheim u. a. 2002.

Doblhofer, Doris/Küng, Zita: Gender Mainstreaming. Gleichstellungsmanagement als Erfolgsfaktor – das Praxisbuch. Heidelberg 2008.

Döge, Peter: Chancengleichheit als Managing Diversity. Konzeptionen von GenderMainstreaming im Internationalen Überblick. In: Baaken, Uschi/Plöger, Lydia (Hrsg.): Gender Mainstreaming. Konzepte und Strategien zur Implementierung an Hochschulen. Bielefeld 2002.

Döge, Peter: Von der Gleichstellung zur diskriminierungsfreien Gestaltung von Geschlechterkulturen: Gender Mainstreaming als Männlichkeitskritik. In: Burbach, Christiane/Döge, Peter (Hrsg.): Gender Mainstreaming. Lernprozesse in wissenschaftlichen, kirchlichen und politischen Organisationen. Göttingen 2006.

Döge, Peter: Von der Gleichstellung zur Gleichwertigkeit – Gender Mainstreaming als Ansatz zur Modernisierung von Organisationen. In: Jansen, Mechtild M./Röming, Angelika/Rohde, Marianne: Gender Mainstreaming. Herausforderung für den Dialog der Geschlechter. München 2003.

Döge, Peter/Volz, Rainer: Wollen Frauen den neuen Mann?. Traditionelle Geschlechterbilder als Blockaden von Geschlechterpolitik. Sankt Augustin 2002.

Drinck, Barbara: Vatertheorie. Geschichte und Perspektive. Opladen 2005.

Ecarius, Jutta: Familienerziehung im historischen Wandel. Eine qualitative Studie über Erziehung und Erziehungserfahrungen von drei Generationen. Opladen 2002.

Ehnis, Patrick: Väter und Erziehungszeiten. Politische, kulturelle und subjektive Bedingungen für mehr Engagement in der Familie. Sulzbach/Taunus 2009.

Ehrhardt, Angelika: Gender Mainstreaming – wo es herkommt, was es will und wie es geht. In: Jansen, Mechtild M./Röming, Angelika/Rohde, Marianne: Gender Mainstreaming. Herausforderung für den Dialog der Geschlechter. München 2003.

Engster, Bettina: Die Emanzipation des Mannes. Werden 'Ernährer' zu 'Hausmänner'?. Norderstedt 2006.

Erler, Gisela Anna: Work-Life-Balance – Stille Revolution oder Etikettenschwindel?. In: Mischau; Anina/Oechsle, Mechtild (Hrsg.): Arbeitszeit – Familienzeit – Lebenszeit: Verlieren wir die Balance?. Wiesbaden 2005.

Falkenburg, Manfred: Männerarbeit. Ansätze, Motive und Zugagnsschwellen. Stuttgart 1999.

Frey, Regina: Gender und Gender Mainstreaming in der Entwicklungszusammenarbeit. Impulse für eine genderreflektierte und an Geschlechtergerechtigkeit orientierte Arbeit von Nichtregierungsorganisationen. Magdeburg 2007.

Frey, Regina/Dingler, Johannes: Wie Theorien Geschlechter Konstruieren. In: Heinrich Böll Stiftung (Hrsg): Alles Gender? Oder was?. Theoretische Ansätze zur Konstruktion von Geschlecht(ern) und ihre Relevanz für die Praxis in Bildung, Beratung und Politik. Berlin, 2. Auflage, 2002.

Fritz, Hannelore: Besser leben mit Work-Life-Balance. Wie Sie Karriere, Freizeit und Familie in Einklang bringen. Frankfurt am Main 2003.

Fthenakis, Wassilios E.: Vaterschaft – gestern und heute. In: LBS-Initiative Junge Familie (Hrsg.): Engagierte Vaterschaft. Die sanfte Revolution in der Familie. Opladen 1999.

Gärtner, Marc/Riesenfeld, Vera: Geld oder Leben?. Männliche Erwerbsorientierung und neue Lebensmodelle unter veränderten Arbeitsmarktbedingungen. In: Boekle, Bettina/Ruf, Michael (Hrsg.): Eine Frage des Geschlechts. Ein Gender-Reader. Wiesbaden 2004.

Geißler, Rainer: Die Sozialstruktur Deutschlands. Zur gesellschaftlichen Entwicklung mit einer Bilanz zur Vereinigung. Wiesbaden, 4. überarbeitete und aktualisierte Auflage, 2006.

Gesterkamp, Thomas: Die neuen Väter zwischen Kind und Karriere. Opladen u. a. 2010.

Gildemeister, Regine: Geschlechterdifferenz – Geschlechterdifferenzierung: Beispiele und Folgen eines Blickwechsels in der empirischen Geschlechterforschung. In: Buchen, Sylvia/Helfferich, Cornelia/Maier, Maja S. (Hrsg.): Gender methodologisch. Empirische Forschung in der Informationsgesellschaft vor neuen Herausforderungen. Wiesbaden 2004.

Gloger-Tippelt, Gabriele: Rolle des Vaters in der frühen Kindheit. In: Bundesministerium für Familie, Senioren, Frauen und Jugend (Hrsg.): Vaterschaft und Elternzeit. Eine interdisziplinäre Literaturstudie zur Frage der Bedeutung der Vater-Kind-Beziehung für eine gedeihliche Entwicklung der Kinder sowie den Zusammenhalt in der Familie. Berlin 2011.

Gottschall, Karin: Geschlecht. In: Farzin, Sina/Jordan, Stefan: Lexikon Soziologie und Sozialtheorie. Hundert Grundbegriffe. Stuttgart 2008.

Griese, Hartmut M.: Rolle, soziale. In: Kreft, Dieter/Mielenz, Ingrid (Hrsg.): Wörterbuch Soziale Arbeit. Aufgaben, Praxisfelder, Begriffe und Methoden der Sozialarbeit und Sozialpädagogik. Weinheim u. a., 6. Auflage, 2008.

Gruescu, Dipl.-Vw. Sandra/Rürup, Pr. Dr. Bert: Nachhaltige Familienpolitik. In: Bundeszentrale für politische Bildung (Hrsg.): Aus Politik und Zeitgeschichte. Familienpolitik. Heft 23-24/2005. Bonn 2005.

Grundmann, Matthias/Hoffmeister, Dieter: Familie nach der Familie. Alternativen zur bürgerlichen Kleinfamilie. In: Burkart, Günter (Hrsg.): Zukunft der Familie Prognosen und Szenarien. Opladen u. a. 2009.

Habich, Rolanad/Noll, Heinz-Herbert: Teil II. Objektive Lebensbedingungen und subjektives Wohlbefinden im vereinten Deutschland. In: Statistisches Bundesamt (Hrsg.): Datenreport 2004. Zahlen und Fakten über die Bundesrepublik Deutschland. Bonn 2005.

Hamann, Bruno: Familie und Familienerziehung in Deutschland. Donauwörth 2000.

Heuchert, Oliver: ZDF Wiso. Mehr Geld für Familien. Frankfurt/Main, 2. aktualisierte Auflage, 2009.

Hollstein, Walter: Männer. In: Kreft, Dieter/Mielenz, Ingrid (Hrsg.): Wörterbuch Soziale Arbeit. Aufgaben, Praxisfelder, Begriffe und Methoden der Sozialarbeit und Sozialpädagogik. Weinheim u. a., 6. Auflage, 2008.

Hollstein, Walter: Männerdämmerung. Von Tätern, Opfern, Schurken und Helden. Göttingen 1999.

Huschke, Jenny: Gender Mainstreaming. Eine neue frauenpolitische Initiative der EU oder nur ein weiteres Schlagwort?. Ein aktueller Diskussionsbeitrag. Osnabrück 2002.

Jenter, Anne/Morgenstern, Vera/Wilke, Christiane: Ohne Frauen keine Reformen. In: Bundeszentrale für politische Bildung (Hrsg.): Aus Politik und Zeitgeschichte. Heft B 44/2003. Bonn 2003.

Jurczyk, Karin/Wahl, Klaus: Familienpolitik. In: Kreft, Dieter/Mielenz, Ingrid (Hrsg.): Wörterbuch Soziale Arbeit. Aufgaben, Praxisfelder, Begriffe und Methoden der Sozialarbeit und Sozialpädagogik. Weinheim/München, 6. Auflage, 2008.

Kastner, Michael: Work Life Balance als Zukunftsthema. In: Kastner, Michael (Hrsg.): Die Zukunft der Work Life Balance. Wie lassen sich Beruf und Familie, Arbeit und Freizeit miteinander vereinbaren?. Kröning 2004.

Keller, Heidi: Geschlechtsunterschiede. Psychologische und physiologische Grundlagen der Geschlechterdifferenzierung. Weinheim u. a. 1979.

Kerschgens, Anke: Die widersprüchliche Modernisierung der elterlichen Arbeitsteilung. Alltagspraxis, Deutungsmuster und Familienkonstellation in Familien mit Kleinkindern. Wiesbaden 2009.

Kindler, Heinz: Väter und Kinder. Langzeitstudien über väterliche Fürsorge und die sozioemotionale Entwicklung von Kindern. Weinheim u. a. 2002.

Klein, Ute: Gender Mainstreaming. In: Fuchs-Heinritz, Werner/Klimke, Daniela/ Lautmann, Rüdiger/Rammstedt, Otthein/Stäheli, Urs/Weischer, Christoph/ Wienold, Hanns (Hrsg.): Lexikon zur Soziologie. Wiesbaden, 5., überarbeitete Auflage, 2011.

Klimeck, Birgit/Glagow-Schicha, Lisa: Schule im Gender Mainstream. Denkanstöße Erfahrungen Perspektiven. Soest 2005.

Krieger, Sascha/Wolff, Andrea: Elterngeld für Geburten 2009 nach Kreisen. In: Statistisches Bundesamt (Hrsg.): Elterngeld für Geburten 2009 nach Kreisen. Wiesbaden 2011.

Kühne, Thomas: Männergeschichte als Geschlechtergeschichte. In: Kühne, Thomas (Hrsg.): Männergeschichte – Geschlechtergeschichte. Männlichkeit im Wandel der Moderne. Frankfurt am Main 1996.

Lampert, Heinz: Aktuelle Probleme der Familienpolitik. In: Mückl, Wolfgang J. (Hrsg.): Familienpolitik. Grundlagen und Gegenwartsprobleme. Paderborn 2002.

Leimbach, Bjørn Thorsten: Männlichkeit leben. Die Stärkung des Maskulinen. Hamburg, 5. Auflage, 2011.

Lenz, Ilse: Frauenbewegungen: Zu den Anliegen und Verlaufsformen von Frauenbewegungen als sozialen Bewegungen. In: Becker, Ruth/Kortendiek, Beate (Hrsg.): Handbuch Frauen- und Geschlechterforschung. Theorie, Methoden, Empirie. Wiesbaden 2004.

Maase, Kaspar: Entblößte Brust und schwingende Hüfte. Momentanaufnahmen von der Jugend der fünfziger Jahre. In: Kühne, Thomas (Hrsg.): Männergeschichte – Geschlechtergeschichte. Männlichkeit im Wandel der Moderne. Frankfurt am Main 1996.

Marburger, Horst: Werdende Mütter brauchen Geld. Mutterschutz – Elterngeld – Elternzeit. Sozialleistungen für junge Familien. Regensburg/Berlin, 8. aktualisierte Auflage, 2007.

Matzner, Michael: Vaterschaft aus der Sicht von Vätern. Wiesbaden 2004.

Matzner, Michael: Vaterschaft heute. Klischees und soziale Wirklichkeit. Frankfurt am Main u. a. 1998.

Metz-Göckel, Sigrid: Wenn die Arbeit die Familie frisst: Work Life Balance ein Genderproblem?. In: Kastner, Michael (Hrsg.): Die Zukunft der Work Life Balance. Wie lassen sich Beruf und Familie, Arbeit und Freizeit miteinander vereinbaren?. Kröning 2004.

Merz, Veronika: Salto, Rolle und Spagat. Basiswissen zum geschlechterbewussten Handeln in Alltag, Wissenschaft und Gesellschaft. Zürich 2001.

Meuser, Michael: Geschlecht und Männlichkeit. Soziologische Theorie und kulturelle Deutungsmuster. Wiesbaden, 2., überarbeitete und aktualisierte Auflage, 2006.

Meyer, Dorit/von Ginsheim, Gabriele: Gender Mainstreaming. Zukunftswege der Jugendhilfe ein Angebot. Berlin 2002.

Michalk, Silke/Nieder Peter: Erfolgsfaktor Work-Life-Balance. Weinheim 2007.

Mückenberger, Ulrich: Die zeitpolitische Wende in der Familiepolitik. In: Henry-Huthmacher, Christine (Hrsg.): Politik für Familien. Wege in eine kinderfreundliche Gesellschaft. Freiburg im Breisgau 2006.

Nave-Herz, Rosemarie: Familie(n). In: Kreft, Dieter/Mielenz, Ingrid (Hrsg.): Wörterbuch Soziale Arbeit. Aufgaben, Praxisfelder, Begriffe und Methoden der Sozialarbeit und Sozialpädagogik. Weinheim u. a., 6. Auflage, 2008.

Nave-Herz, Rosemarie: Ehe- und Familiensoziologie. Eine Einführung in Geschichte, theoretische Ansätze und empirische Befunde. Weinheim u. a., 2. Auflage, 2006.

Neusel, Tibet/Arrocha, Kathrin/Beyer, Sigrid: Kinder, Geld und Steuern. Das neue Elterngeld – Steuern sparen für Familien – Klug vorsorgen – Viele praktische Tipps und Rechenbeispiele. Wien 2006.

Nickel, Horst/Vetter, Jürgen/Quaiser-Pohl, Claudia: Junge Eltern als Gegenstand kulturvergleichender Untersuchungen. Grundlagen und Konzeptionen eines ökopsychologischen Forschungsprojekts. In: Nickel, Horst/Quasier-Pohl, Claudia (Hrsg.): Junge Eltern im kulturellen Wandel. Untersuchungen zur Familiengründung im Internationalen Vergleich. Weinheim u. a. 2001.

Notz, Gisela: Familien. Lebensformen zwischen Tradition und Utopie. Neu-Ulm 2003.

Ochs, Matthias/Orban, Rainer: Familie und Beruf. Work-Life-Balance für Väter. Weinheim u. a. 2007.

Oelschlägel, Dieter: Emanzipation. In: Kreft, Dieter/Mielenz, Ingrid (Hrsg.): Wörterbuch Soziale Arbeit. Aufgaben, Praxisfelder, Begriffe und Methoden der Sozialarbeit und Sozialpädagogik. Weinheim u. a., 6. Auflage, 2008.

Ott, Notburga: Die Sicherstellung familialer Aufgaben aus ordnungstheoretischer und ordnungspolitischer Sicht. In: Mückl, Wolfgang J. (Hrsg.): Familienpolitik. Grundlagen und Gegenwartsprobleme. Paderborn 2002.

Peuckert, Rüdiger: Familienformen im sozialen Wandel. Wiesbaden, 7., vollständige überarbeitete Auflage, 2008.

Pinl, Claudia: Uralt, aber immer noch rüstig: Der deutsche Ernährer. In: Bundeszentrale für politische Bildung (Hrsg.): Aus Politik und Zeitgeschichte. Heft B 44/2003. Bonn 2003.

Pittmann, Frank: Warum Söhne ihre Väter brauchen. Der schwierige Weg zur Männlichkeit. München 1996.

Pütz, Josef/Riegert Carsten: Der Aufstand der Familien. Eltern und Kinder kämpfen um ihre Zukunft. München 2002.

Quaiser-Pohl, Claudia/Nickel, Horst: Die Veränderung familialer Strukturen als Folge des gesellschaftlichen Wandels in der Bundesrepublik Deutschland. In: Nickel, Horst/Quasier-Pohl, Claudia (Hrsg.): Junge Eltern im kulturellen Wandel. Untersuchungen zur Familiengründung im Internationalen Vergleich. Weinheim u. a. 2001.

Reckert, Wilfried: Väterlichkeit und pädagogische Profession. Am Beispiel der Heimerziehung. Frankfurt am Main u. a. 1996.

Reichle, Barbara/Zahn, Flora: „Und sie bewegt sich doch!" – Aufgabenverteilungen in Partnerschaften verändern sich im Laufe des Familienzyklus. In: Endepohls-Ulpe, Martina/Jesse, Anja (Hrsg.): Familie und Beruf – weibliche Lebensperspektiven im Wandel. Frankfurt am Main 2006.

Rendtorff, Barbara/Moser, Vera: Geschlecht als Kategorie – soziale, struktuelle und historische Aspekte. In: Rendtorff, Barbara/Moser, Vera (Hrsg.): Geschlecht und Geschlechterverhältnisse in der Erziehungswissenschaft. Eine Einführung. Opladen 1999.

Riedl, Sabine/Schweder, Barbara: Der kleine Unterschied. Warum Frauen und Männer anders denken und fühlen. Wien u. a. 1997.

Rost, Harald: Der Kinderwunsch von Männern und ihr Alter beim Übergang zur Vaterschaft. In: Mühling, Tanja/Rost, Harald (Hrsg.): Väter im Blickpunkt. Perspektiven der Familienforschung. Opladen u. a. 2007.

Rost, Harald: Väter in Familien mit partnerschaftlicher Verteilung von Erwerbs- und Familienarbeit. In: Werneck, Harald/Beham, Martina/Palz, Doris (Hrsg.): Aktive Vaterschaft. Männer zwischen Familie und Beruf. Gießen 2006.

Rürup, Pr. Dr. Bert/Gruescu, Dipl.-Vw. Sandra: Nachhaltige Familienpolitik im Interesse einer aktiven Bevölkerungsentwicklung. In: Bundesministerium für Familie, Senioren, Frauen und Jugend (Hrsg.): Gutachten im Auftrag des Bundesministeriums für Familie, Senioren, Frauen und Jugend. Berlin 2006.

Sabla, Kim-Patrick: Vaterschaft und Erziehungshilfen. Lebensweltliche Perspektiven und Aspekte einer gelingenden Kooperation. Weinheim u. a. 2009.

Schneider, Norbert F.: Zur Zukunft der Familie in Europa: Vielfalt und Konvergenz. In: Bertram, Hans/Ehlert, Nancy (Hrsg.): Familie, Bindung und Fürsorge. Familiärer Wandel in einer vielfältigen Moderne. Opladen u. a. 2011.

Schorn, Ariane: Männer im Übergang zur Vaterschaft. Das Entstehen der Beziehung zum Kind. Gießen 2003.

Schröder, Kristina: Vorwort. In: Bundesministerium für Familie, Senioren, Frauen und Jugend (Hrsg.): Elterngeld und Elternzeit. Das Bundeselterngeld- und Elternzeitgesetz. Berlin 2012.

Schröder, Kristina/Waldeck, Caroline: Danke, emanzipiert sind wir selber! Abschied vom Diktat der Rollenbilder. München 2012.

Sienknecht, Dieter: Sozialpolitik. Hamburg 2008.

Stascheit, Ulrich: Gesetze für Sozialberufe. Baden-Baden, 17. Auflage, 2009.

Statistisches Bundesamt: Sozialleistungen – Elterngeld, Kindergeld. Wiesbaden 2012. Abgerufen über www.destatis.de am 25.04.0212.

Stepanek, Brigitte/Krull, Petra: Gleichstellung + Gender Mainstreaming. Ein Handbuch. Rostock 2001.

Stiehler, Matthias: Der Männerversteher. Die neuen Leiden des starken Geschlechts. München 2010.

Stiegler, Barbara: Gender Macht Politik. 10 Fragen und Antworten zum Konzept Gender Mainstreaming. Bonn 2002.

Strohmeier, Henrika/Strohmeier, Klaus Peter/Schulze, Hans-Joachim: Familienpolitik und Familie in Europa. In: Ministerium für Generationen, Familie, Frauen und Integration des Landes Nordrhein-Westfalen (Hrsg.): Familienpolitik und Familie in Europa. Literaturbericht. Düsseldorf 2006.

Tuider, Elisabeth: Gender. In: Fuchs-Heinritz, Werner/Klimke, Daniela/Lautmann, Rüdiger/Rammstedt, Otthein/Stäheli, Urs/Weischer, Christoph/Wienold, Hanns (Hrsg.): Lexikon zur Soziologie. Wiesbaden, 5., überarbeitete Auflage, 2011.

Vaskovics, Laszlo/Rost, Harald: Väter und Erziehungsurlaub. Stuttgart 1999.

Veil, Mechthild: Familienpolitik in den Zwängen konservativer und neoliberaler Logiken: ein deutsch-französischer Vergleich. In: Casale, Rita/Forster, Edgar (Hrsg.): Jahrbuch Frauen- und Geschlechterforschung in der Erziehungswissenschaft Ungleiche Geschlechtergleichheit. Geschlechterpolitik und Theorien des Humankapitals. Opladen u. a. 2011.

Veil, Mechthild: Kinderbetreuungskulturen in Europa: Schweden, Frankreich, Deutschland. In: Bundeszentrale für politische Bildung (Hrsg.): Aus Politik und Zeitgeschichte. Heft B 44/2003. Bonn 2003.

Verlinden, Martin: Väterarbeit in NRW. Bestandsaufnahme und Perspektiven. In: Ministerium für Gesundheit, Soziales, Frauen und Familie des Landes Nordrhein-Westfalen (Hrsg.): Väterarbeit in NRW. Bestandsaufnahme und Perspektiven. Köln 2004.

Volz, Rainer: Väter zwischen Wunsch und Wirklichkeit. Zur Beharrlichkeit traditioneller Geschlechterbilder. In: Mühling, Tanja/Rost, Harald (Hrsg.): Väter im Blickpunkt. Perspektiven der Familienforschung. Opladen u. a. 2007.

von Bargen, Henning: Vorwort. In: Heinrich Böll Stiftung (Hrsg): Alles Gender? Oder was?. Theoretische Ansätze zur Konstruktion von Geschlecht(ern) und ihre Relevanz für die Praxis in Bildung, Beratung und Politik. Berlin, 2. Auflage, 2002.

von Bresinski, Bernhard/Walter, Heinz: Väter in Elternzeit – ein länderübergreifender Vergleich. In: Bundesministerium für Familie, Senioren, Frauen und Jugend (Hrsg.): Vaterschaft und Elternzeit. Eine interdisziplinäre Literaturstudie zur Frage der Bedeutung der Vater-Kind-Beziehung für eine gedeihliche Entwicklung der Kinder sowie den Zusammenhalt in der Familie. Berlin 2011.

von Welser, Maria: Wir müssen unser Land für die Frauen verändern. München 2007.

Waidhofer, Eduard: Der Einfluss des männlichen Rollenverständnisses auf die Balance zwischen Beruf und Familie. In: Werneck, Harald/Beham, Martina/ Palz, Doris (Hrsg.): Aktive Vaterschaft. Männer zwischen Familie und Beruf. Gießen 2006.

Walbiner, Waltraut: Vom Patriarchat und anderen Mythen: Historischer Wandel in der Rolle des Vaters. In: Bundesministerium für Familie, Senioren, Frauen und Jugend (Hrsg.): Facetten der Vaterschaft. Perspektiven einer innovativen Väterpolitik. Berlin 2006.

Welpe, Ingelore/Schmeck, Marike: Kompaktwissen Gender in Organisationen. Frankfurt am Main 2005.

Wetter, Reinhard: Mein gutes Recht im Job. Diskriminierung, Mobbing, Urlaub, Mutterschutz, Elternzeit, Betriebsänderung, Kündigung. München, 3., völlig überarbeitete Auflage, 2009.

Wingen, Max: Die Geburtenkrise ist überwindbar: Wider die Anreize zum Verzicht auf Nachkommenschaft. In: Habisch, André (Hrsg.): CONNEX - gesellschaftspolitische Studien. Grafschaft 2004.

Wingen, Max: Familienpolitik als gesellschaftliche Ordnungspolitik auf nationaler und europäischer Ebene. In: Mückl, Wolfgang J. (Hrsg.): Familienpolitik. Grundlagen und Gegenwartsprobleme. Paderborn 2002.

Wrohlich, Katharina/Berger, Eva/Geyer, Johannes/Haan, Peter/Sengül, Denise/ Spieß, C. Katharina/Thiemann, Andreas: Elterngeld – Monitor. Kurzfassung. In: Bundesministerium für Familie, Senioren, Frauen und Jugend (Hrsg.): Elterngeld – Monitor. Kurzfassung. Berlin 2012.

Zerrahn, Signe: Familien in Deutschland. Ein Frontbericht. Hamburg 2002.

Zulehner, Paul M./Volz, Rainer: Männer im Aufbruch. Wie Deutschlands Männer sich selbst und wie Frauen sie sehen. Ein Forschungsbericht. Ostfildern 1998.

Marlene Alshut

Gender im Mainstream?

*Geschlechtergerechte Arbeit mit
Kindern und Jugendlichen*

Gender and Diversity, Band 8
2012, 190 S., br.,
ISBN 978-3-86226-191-8, **€ 20,80**

Gender Mainstreaming und Geschlechtergerechtigkeit sind Begriffe, welche in der heutigen Zeit nicht nur den Fachlektüren zu entnehmen sind. Als politisches Konzept wird insbesondere Gender Mainstreaming aktuell diskutiert und stetig unter die Lupe genommen. Doch wie sieht eine (pädagogische) Realisierung in der Sozialen Arbeit aus?

Das Buch setzt sich mit dem Thema der geschlechtergerechten Arbeit in Kindertagesstätten sowie Jugendeinrichtungen auseinander. Diesbezüglich wurde im Ruhrgebiet eine empirische Erhebung durchgeführt, welche auf qualitativen Interviews basierte. Die enorme Bedeutung von Geschlechterrollen, einschließlich derer Vermittlungswege sind hierbei ebenso grundlegendes Thema, wie die verschiedenen Umsetzungsvarianten der geschlechtergerechten Arbeit in den interviewten Einrichtungen.

Gender and Diversity

Ümit Koşan
Interkulturelle Kommunikation in der Nachbarschaft
Zur Analyse der Kommunikation zwischen den Nachbarn mit türkischem und deutschem Hintergrund in der Dortmunder Nordstadt
Band 7, 2012, 248 S.,
ISBN978-3-86226-177-2, € **25,80**

Garnet Katharina Hoppe
Selbstkonzept und Empowerment bei Menschen mit geistiger Behinderung
Band 6, 2012, 130 S.,
ISBN 978-3-86226-163-5, € **18,80**

Elisabeth Heite
Bürgerschaftliches Engagement älterer Menschen im Stadtteil
Gleiche Beteiligungschancen und Mitgestaltungsmöglichkeiten für alle?
Band 5 2012, 130 S., br.,
ISBN 978-3-86226-132-6, € 18,80

Katja Nowacki (Hrsg.)
Pflegekinder
Vorerfahrungen, Vermittlungsansätze und Konsequenzen
Band 4, 2012, 278 S.,
ISBN 978-3-86226-124-6, € **24,80**

Nele Cölsch
Potential and limitations of peace education in Israel
A case study on parents´ perspectives on the Hand in Hand school in Jerusalem
Band 3, 2011, 120 S.,
ISBN978-3-86226-072-0, € **23,80**

Saskia Hofmann
Yes she can!
Konfrontative Pädagogik in der Mädchenarbeit
Band 2, 2011, 135 S.,
ISBN 978-3-86226-050-8, € **18,80**

„Das Anti-Gewalt-und Kompetenztraining "Yes, she can" zeigt Möglichkeiten auf, wie präventiv im Rahmen von Mädchengewalt gearbeitet werden kann."
Soziale Arbeit 8/2011, DZI

Marianne Kosmann, Harald Rüßler (Hrsg.)
Fußball und der die das Andere
Ergebnisse aus einem Lehrforschungsprojekt
Band 1, 2011, 164 S.,
ISBN 978-386226-050-8, € **18,80**

„Kluge Ansätze – kluge Aufsätze."
Stefan Erhardt, in: Der tödliche Pass. Magazin zur näheren Betrachtung des Fußballspiels, Heft 62 Oktober 2011, S. 73.

Informationen und weitere Titel unter www.centaurus-verlag.de